JN271369

Structured Group Encounter **SGE+**

エンカウンターで不登校対応が変わる

國分康孝・國分久子 監修
片野智治 編集代表
川端久詩・住本克彦・山下みどり 編集

図書文化

はじめに

―不登校体験を人間成長のきっかけとするかかわり方を提示している本―

監修者　國分康孝
　　　　國分久子

　本書の構成には，2つの枠組みを1つに統合した観点を用いた。すなわち，日本で最初に「不登校」という語を用いた花輪敏男のフレームと，日本で最初に「構成的グループエンカウンター」で学位を取得した片野智治のフレームを統合して，不登校対応の原理と方法を提唱している。その特徴が2つある。

　1つは，不登校をきっかけにこれからの人生を考えるとか，自己肯定感や自己主張能力や自己開示能力が育つという，治療よりも開発的な立場をとっているということである。これは，本書が構成的グループエンカウンターのヒューマニスティックな思想を取り入れているからである。

　本書の第2の特徴は，伝統的カウンセリングの面接法よりはエクササイズ展開法を用いていることである。花輪のいう不登校が一種の「すくみ」であるという説は，精神分析用語でいえば，自我の弱さ（vulnerability of ego）のことである。それゆえ，本書で提示しているプログラムは，いずれも「自我健全化」の機能があるということである。自我を健全化するとは，現実判断力・耐性（がまんする力）・柔軟性・抑制力を育てることである。

　不登校は「非行・怠学型」「優等生のくたびれ型」「心理的離乳不全型」などに分類できるであろうが，これらはいずれも自我の脆弱さに起因している。それゆえ，本書で示す「被受容感」「自己肯定感」「自己主張」をはじめとするグループエンカウンターのエクササイズは，帰するところ，児童生徒の「自我の健全化・自我の育成」につながっているといえる。

目次　エンカウンターで不登校対応が変わる

はじめに　―監修の言葉―

第1章　エンカウンターを生かした不登校対応

不登校とは何か―本書の問題とゴール― ………………………………………… 8
不登校対応にエンカウンターを生かすとは―本書の解決策の核心― …………… 16
不登校対応のプロセス―本書の対応の手順― …………………………………… 20
エンカウンターを生かした不登校対応の実際 …………………………………… 24
エンカウンターを生かした反社会的問題行動を伴う不登校への対応 ………… 26
エンカウンターを生かした学校規模の不登校対策 ……………………………… 28
不登校対応に生かすエンカウンターのエッセンス ……………………………… 30
なぜSGE的アプローチをとるのか―カウンセリングを超える特色とは― …… 34
　コラム　不登校に対する個別対応の観点　36

第2章　保護者・教師の「ねばならぬ」を変えるエクササイズ

●保護者・教師の「ねばならぬ」を変える段階とは ………………………………… 38
不登校のミカタ―大人が変われば子どもが変わる― …………………………… 40
リフレーミング ……………………………………………………………………… 44
子どもになって物語る ……………………………………………………………… 48

第3章　子どもへの接し方に介入するエクササイズ

●子どもへの接し方に介入する段階とは …………………………………………… 54
家庭訪問の予行練習―リレーションづくりの第一歩― ………………………… 56
ねぎらいのイエスセット―「本当は……なんだよね」― ……………………… 60
登校刺激をしてはいけないのか？―アイメッセージでの対話― ……………… 64
　コラム　学校に行けない私のこと, どう思ってる？―不登校生徒の心の叫び―　68

第4章 自己肯定感を高めるエクササイズ

- ●自己肯定感を高める段階とは ……………………………………………… 70
- 探そう！ 子どものいいところ ……………………………………………… 72
- NO！と思い切り叫んでみる ………………………………………………… 76
- エンプティチェア …………………………………………………………… 80
- ロールレタリング …………………………………………………………… 84
- 私の好きなこと ……………………………………………………………… 88

第5章 再登校に挑戦するエクササイズ

- ●再登校に挑戦する段階とは ………………………………………………… 94
- 禁止する―登校刺激のコツ― ……………………………………………… 96
- 何人が私を見ているか―「他人の視線が気になる」の克服― …………… 100
- 10時30分の廊下で―ペーシングとミラーリング― ……………………… 104
- 私のお願いを聞いて ………………………………………………………… 108
- 私は私が好きです。なぜならば …………………………………………… 112
- はぐれジャンケン …………………………………………………………… 116

第6章 新たな自分を生きるためのエクササイズ

- ●新たな自分を生きる段階とは ……………………………………………… 122
- 1年後の私への手紙 ………………………………………………………… 124
- 私の人生の振り返り ………………………………………………………… 128
- 私にとって不登校とは―それでも人生にイエスと言う― ………………… 132

第7章 クラスでできる不登校予防のエクササイズ

- ●不登校を予防する学級経営とは …………………………………………… 138
- ほめあげ大会 ………………………………………………………………… 142
- 私の言いたいこと！ ………………………………………………………… 146
- 教師のサポートグループ―ひとりで悩まないで！ 話してみよう，聴き合おう― …… 150

《スキルアップ情報》不登校対応と構成的グループエンカウンター　152

あとがき　―編者の言葉―

第1章

エンカウンターを生かした不登校対応

不登校とは何か
――本書の問題とゴール――

川端久詩

　僕が不登校になったとき，不登校は悪いことだと思っていた。それは自分の固定観念であり，周りからそう言われ続けて，僕は人が信じられなくなった。自分自身や，「相手を信じる自分」も。ここで過ごし，わかりあえる仲間を得て，無駄だと思っていた日々が，意味を得たと思えたとき，僕は僕を認めることができた。だが，不登校を通していままで得た知識や経験とは対照的に，僕は虚無感も感じた。自分の教室で過ごせていたらという「もしも」が心の隅に残っている。どんなに開き直っても，後悔していることを忘れることはできない。

　僕にとって不登校は，けっして良いだけとは言い切れない。悪い経験もあった。ポッカリ開いた穴を背負って生きていくのだろう。良し悪し，得たものはきっとこれからの自分を進める糧になると思っている。だから僕は「虚無感」片手に我を行く。

――不登校の子どもが通う某相談学級の卒業文集より

1 本書のゴール

不登校対応の目的は学級復帰である

　初めから「学校だけが人生ではない」と思う子どもはいない。「不登校になど，絶対になりたくなかった。学校で楽しく過ごせたらどんなによかったか。本当は学校に行きたい。行けたら苦労はしない。それなのに行けないから苦しい……」。それが不登校の子どもの本心である。だから，不登校対応の目的は，学級復帰である。

大人が徹して味方になり，子どもを孤立させない

　私たち大人（特に教師・保護者）は，我が国にいま約13万人も存在する不登校の子どもの前にどのように立ち，どのような眼差しを子どもに向けているだろうか。あなたのクラスに来なくなった子ども，あなたの家の子ども部屋の隅に息を潜める子どもの眼に，あなたはどのように映っているのだろうか。

　私たちが不登校の子どもたちに注ぐ眼差しは，すなわち自分自身を見る眼でもある。大人

たちもまた，これまでの人生では何らかのつらいみじめな体験を経てきているが，たとえその傷口がいまだにふさがらずとも，誠実で勤勉に社会性豊かに人生を生きようとしている。そして，そうあればあろうとするほどに，言い訳を潔しとせず，本音を封殺し，毎日の忙しさに身を投じ，我が身を省みる余裕もなく，ついには自分の本音が何であるかもわからなくなっている。自分がゆるせない人は，他者にも厳しい。だから，学校に行けず苦しんでいる子どもにも，「弱い。逃げだ。怠けだ。甘えだ。そんなことでどうする」と，自らを日頃叱咤するのと同じように言葉を投げかけ，責めの眼差しを向けてしまう。

　実は，子どもがいちばん傷つき，自身をみじめに感じるのは，そうした大人の眼差しに晒されることである。だれにもわかってもらえない，言いようもないさびしさの前に孤立が深まっていく。さらに，大人たちからそうした眼差しを受けて育った他の子どもたちもまた，不登校の子どもに対して同じ眼差しを向ける。子どもはますます追い詰められて，自分を責める。

　不登校ではこうして，本人とその周囲で孤立化が深まる。いったい，いつになったら子どもは，そうした責めの眼差しから解放されるのだろうか。

不登校対応は，子どもと自分を慈しみ，学校復帰と自立をめざす人間関係

　不登校対応は，学校社会への「リハビリテーション」である。リハビリテーションという言葉には，単に「機能回復」のみならず，「一度失った位階や財産，名誉，無実の罪など，権利・尊厳・名誉が何らかの原因によって傷つけられた人に対して，それらを回復すること」という意味がある。私たち大人は，不登校対応というリハビリの中で，子どもが再び登校できるということはもちろん，不登校になることで子どもが一度失った位階や名誉，権利や尊厳までを回復することをめざしたい。

　子どもは何の理由もなく，わがままや弱さで不登校になったのではない。それにもかかわらず，「不登校になるおまえに問題がある」と糾弾され続けている。この無実の罪，冤罪を社会に証明する責任がある。それは，あなたの目の前にいる子どもを信じて大切にねぎらい慈しむ，日々の言葉かけや眼差し，行為の中からはぐくまれるものだ。そうすることはそのまま，私たち大人がこれまでの人生において経験したつらい体験や，子どもが不登校になったことで「こんな自分はだめな親だ，だめな教師だ」と責め苦しんだことに対しても自らの位階や尊厳を回復する作業，すなわちあなた自身を慈しむことでもある。

　さらに，不登校対応チャートの開発者であり，子どもたちの学級復帰を支援してきた花輪敏男(1991)は，「不登校児童生徒は，心理的な成長・発達がなされたとき『結果として登校する』と考えるべきである。単に登校すればよいということではなく，『自分で考え，自分で決定し，自分で行動できる』ということが，真の問題解決と言える」と述べる。これは，すべての大人に通じる，「自立」という一生のテーマである。不登校対応は，校内の数パーセントの子

花輪敏男 "不登校対応チャート"「児童生徒の不登校に関する学校の取り組み方や指導援助の進め方についての研究」『山形県教育センター研究報告書』1991

どもたちにのみ特化した課題ではなく，すべての子どもの人生における「自立」という，まさに学校教育全体の最重要課題を世の中に提示しているのである。

不登校対応の原理は，「大人が変わると子どもが変わる」

　不登校は本人ひとりでは解決できない問題であり，だれかが支え，助けることが必要である。そして，その担い手になれるのは，私たち身近な大人（教師・学級担任・保護者）しかいない。花輪（前掲1991）は，「たとえ不登校が学校に起因するものでなくとも，その復帰に際しては，学校の対応の如何による」と述べる。大地に倒れし者は大地によって起つように，学校に倒れし者は学校によって起つことが，もっとも望ましい。

　不登校の子どもと向き合うことは，大人にとってもつらく苦しい作業である。子どもと一緒になって，自らの解体と再生をいとわない勇気が求められる。しかし，大人たちが自らを変えようと勇気を奮い起こす姿を傍らで見た子どもは，それをモデルに世の中を生きるエネルギーを得る。不登校対応のゴールは，そうした大人の姿勢の中にこそ存在する。

　本書では，大人たちと子どもとの「あらためての新しい出会い（エンカウンター）」を大切にしている。それを，「不登校対応チャート」（花輪敏男）を生かした，構成的グループエンカウンターで展開していく。

❷ 「不登校」をどう見たらよいか

不登校を「怠け」と見るか，「困っている」と見るか

　筆者（川端）は，過去11年間，不登校生徒の通級学級を担任し，延べ200人の生徒に学級復帰をめざした対応を行ってきた。また，年間100回を超える校内でのケース相談，全国各地の研修会や，各学校での校内研修を行ってきた。

　そのたびに必ず話題になるのが，「『不登校』と言いつつ『怠け』が多い。集団生活に適応できないからと逃げている。何でも受容していたのでは，甘えやわがままを認めてしまうことになる。どう見極めどう指導したらいいのか」という教師と，「行きたくても行けなくて苦しんでいるのに，学校からは『怠け』と見られて冷たい。かかわってもらえない。親の育て方が悪いと責められている感じがする」という保護者や本人の，相容れない思いである。

本音を交流できない適応過剰社会

　子どもの不登校を「怠け」と見る多くの親や教師は，自分自身も勤勉と誠実を旨に生きてきたという場合が多い。このような人は，自分が怠けるなどもってのほかなので，自分の（クラスの）子どもが怠けるなどゆるせない。

そうして育てられた子どももまた、「学校や会社には休まず通わねばならない」という思いを心の底で人一倍強くもっている。だから、学校に通えなくなったとき、子ども本人にとってもそのショックは大きなものがある。それなのに、いちばん身近な親や教師から理解されず、「怠けだ」という眼差しに晒される。また、そういう子にかぎって言い訳を潔しとせず、何を聞かれても口をつぐむ。答えないから、「何が原因なの？」と周りの大人はますます迫る。子どもは、「いちばんわかってほしい、味方になってほしい大人たち」によって、ますます追い詰められてしまうこととなる。

　大人も子どもも「こうあらねばならない」という思いに縛られていて、「本当はつらい」「つらいけど、歯をくいしばってがんばっている」などと本音を言うことができない、本当は同じ苦しみを抱えているのにわかりあえないことが不登校のいちばんの困難である。不登校は、本人とその周囲で、人間関係の孤立化が自己実現とは対極の方向に促進する現象である。これが不登校を永年化させ、しかも一向に減らず、さらには「社会的ひきこもり」にもつながる非常に深刻な理由だと考える。

ひとにはそれぞれ事情がある　「規範」だけでは解決できない

　学校という集団生活の場では、一斉指導に適応できる子どもであることが要求される。集団の規範（ルール）が重視され、それを守れば秩序を保てると、教師は子どもたちに高い規範意識を要求する。ただし、これが硬直化していくと、本当に必要な特例や配慮までが「わがまま」と見なされがちになる。「あなたの言い訳を聞いたら、他の人も全部聞かなくてはならない。そうなったら学校は成り立たない。あなただけ特別扱いはしないよ。みんな同じなのだから」と。しかし実際は「ひとはみんな違う」のである。

　発達の遅れを自覚せずに、「なぜみんなにとっては当たり前のことが僕にはできないんだろう」と人知れず悩む子は数多い。教師も子ども全員を右肩上がりの定型発達と認識し、その前提のもとに教育を行っている。発達の遅れがあると診断されている子に対してさえ、特別の配慮をしない学校はいまだに数多い。むしろ定型発達の子に追いつくように指導するため、甘えや逃げはゆるさないという姿勢にすらなることもある。また発達の問題だけではない。例えば、親が離婚をめぐって日々言い争っている家庭の子どもが、学校で元気なはずがない。国際結婚の親に生まれた容姿から、「外人！」と言われ続けて、笑顔でいることがもう耐え難いという場合もある。子ども1人1人が、さまざまな今日的な事情を抱えている。

　どういう状態であっても、子どもは学校に通いたい気持ちをもっている。しかし、「どんな事情があっても、あなたひとりだけを容赦・免除はしない」「それはさておき、ここではあなたにも学級に対して貢献してもらいますよ」という学校や教師の「潜在的カリキュラム」（Philip W. Jackson）を敏感に感じ取る適応過剰の子どもほど、つらく苦しくてもそれに応えなければと

考え，しだいに追いつめられて，学校が怖くなる。

　環境ストレスや学校ストレスが高まり，その子のトレランス（耐性）を上回り始めると，「みんな同じ」は子どもにとって強要されたものになる。学校ですべての子どもが同じように扱われることは大切だが，「水面下の困難」を抱えた子どもたちにとって，ただの「みんなと同じ」は，「困難の背景に対する支援がない」学校生活である。それなのに「甘えるな」「逃げるな」と追いつめられる。そして学校に対して「すくんで」しまう。

不登校は「すくみ反応」

　我が国で「不登校」という語を初めて用いた花輪敏男は，1991年に「不登校対応チャート」（児童生徒の不登校に関する学校の取り組み方や指導援助の進め方についての研究，山形県教育センター研究報告書）を著した。当時不登校は「登校拒否」と呼ばれていた。しかし，"School Refusal"の邦訳としての「登校拒否」ではその意が十分に伝わらず，むしろ子どもが自らの意志で登校を拒んでいるという印象を与えた。そこで花輪は，"refuse"という語に，「拒否する」という意味のほか，「（馬が）垣根や溝の障害物を飛び越そうとしないで立ち止まる」（Webster's New International dictionary of the English Language 1920）という意味があることを見いだし，"School Refusal"は，子どもが学校という場面だけに特別に示す「すくみ反応」であると解した。そして，「子どもは登校を拒否しているのではない。登校したくてもできずに『すくんでいる』という神経症的なものである（その多くは神経症ではないが，身体症状など神経症の示す様相によく似ており，そう見るととても理解しやすい）」という見地から，これを「不登校」と呼んだ（当時の長欠調査の態様に，神経症的登校拒否〔のちの神経症的不登校〕があった）。

　「すくみ反応」について花輪は，すくむ範囲はひとによって異なり，また子どもの状態によっても変化すると説明している。例えば，自分の部屋を出たらすくむのでどこにも出ることができない状態から，適応指導教室には通える状態，そして教室だけに限ってすくむ（例　教室以外は校内のどこにでも行ける。外出や友達と遊びに行くのは平気なため，悩んでいないように見えてナマケだと思われる）という状態まで，それらはすべてすくみの範囲の違いで理解できるという。後年，前者は「ひきこもり」，後者は「明るい不登校」と呼ばれるようになったが，花輪はこれらもすくむ範囲の違いととらえ，不登校であるかぎり学校に対しての何らかのすくみ反応があると述べる。さらに，不登校が継続する理由についても，「長期化した不登校は『休み続けていること』がおもな理由になってしまう」と述べる。

「認識」が変わると「対応」が変わる

　休み続けていることが不登校のおもな理由になる場合，不登校をタイプ別に見る意味はなく

なる。一般的にこうしたタイプ別による対応は，相談機関でのカウンセリングで行われることが多く，これら背景に特化した支援は，本人の成長発達にとってとても大切である。にもかかわらず，現実にはこのような対応が功を奏しても，子どもは一向に学校に通うことができるようにはならないことが多い。なぜなら，その時点では子どもと学校とのパイプがすでに途切れていることが多いからである。花輪はそのことを「相談機関ではガソリンを満タンにすることを重視し，満タンになったとしても，長いことエンジンを動かしていないので，バッテリーがあがってしまっていて，進めるべき自動車の方向は学校に向かなくなってしまっている」と例えている。また学校と相談機関はお互いのねらいや取り組み内容がうまく共有・連携できず，学校は，学校から長く離れた子どもの抱える困難の背景に関心をもてず，相談機関との連携に積極的でない場合も多い。

　学校現場で生徒指導の対象とされる「あそび・非行型」の不登校は，「異装が直せないかぎり登校させない」など，結果的に登校日数が少なくなって不登校扱いになるケースも多い。こうした場合，子どもと信頼関係がはぐくめず，解きあぐねた発達課題を支援するどころか，本人の登校意欲がさらに低くなってしまうことも多い。本書では，「あそび・非行型」とされる子どもに対しても，一面的な生徒指導のように問題行動に対する指導のみを重視するだけでなく，子どもの背景を支援するアプローチとしての対応を展開する。

　不登校を「怠け」と見るか，「困っている」と見るかは，不登校対応の根本的な問題である。本書はあくまでも徹底的に子どもの立場に立ち，大人の認識を変えることに重点を置いている。なぜなら「認識」が変わると「対応」が変わるからである。

　そして，従来は相談機関やスクールカウンセラーが行っていた対応も，それらと協力・連携して学校で教師が行えるようにという前提で本書は編まれている。不登校は学校で発生するからこそ，学校によって起たせることが本書の目的だからである。

❸ 不登校という現象の社会的現状

文部科学省による「不登校」の定義

　2010年現在，文部科学省は「不登校」の定義を，「何らかの心理的，情緒的，身体的あるいは社会的要因・背景により，登校しない，あるいはしたくともできない状況にあるため年間30日以上欠席した者のうち，病気や経済的な理由による者を除いたもの」として，統計上，現在の態様を次の6項目に分類している。すなわち，1学校生活上の影響，2あそび・非行，3無気力，4不安など情緒的混乱，5意図的な拒否，6複合，である。

　文部省（当時）はこれまで，「登校拒否」から「登校拒否（不登校）」，そして「不登校」へと，段階的にその呼称を変更してきたが，その過程で「登校したくともできない状態」以外

に，「登校しない」も不登校の定義に加えられた。現在は，遊びも非行も怠けでも「不登校」という括りに一括され，不登校の全体像をさらに複雑にしている。

永年化する不登校は，社会的ひきこもりのゲートウェイ

我が国では不登校は年々永年化する傾向にあり，平成19年度の不登校児童生徒数は129,254人である。少子化で児童生徒数は減っていても，不登校は実質的に減っていない。

不登校の永年化により顕在化したことは，不登校は進路や自立などその子どもの生涯にわたって影響するということである。不登校経験と高校中退，ニート，社会的ひきこもりには相関がある。うまく周囲との関係性をもてずに，どこにも所属感をもてなくなる「社会的ひきこもり」は，さまざまな推計があるが60万人～160万人存在すると言われ，そのうち4割～8割が不登校経験者という調査結果がある。またその平均年齢は30代半ばから40代とされている。やりがいに満ちて働いている世代のはずが，生産性を担うどころか，人間関係ももてない孤独の中で，収入もなく，親に依存しなくてはならない状態にある。やがて親亡き後は，保護を受けなければならなくなる。

このことは非常に深刻な社会問題であるにもかかわらず，そのゲートウェイである不登校に対して，その数を明確に減少させるほどの打開策さえ打てていない。

不登校対策によって，子どもがますます学校から離れる矛盾

これまでの我が国の不登校対策は，施設や人的環境をあてがうハードの割合が大きく，そのベクトルは学校の外を向いている。適応指導教室・フリースクール等の不登校の受け入れ先を実際に利用している子どもの数は，不登校全体の10％にすぎず，「一割施策」と揶揄されることもある。また長引く不況による予算削減で，それらの設置にも限界が来ており，今後はますます期待できそうにない。

適応指導教室・フリースクール等に通う子どもたちの多くは，元気を取り戻し，成長している。各施設は子どもの将来の自立や社会適応を見据え，学校復帰を重要な課題であると認識し，子どもの在籍校にも積極的な連携を働きかけている。いっぽう，その子が通っていた学校や学級担任は，子どもが教室から去ってしまったために，不登校対応の主役が自分であるという意識も希薄になってしまっていることが多い。子どもとのかかわりが不足して，子どもの「いま，ここ」が見えず，信頼や愛着関係をつくれないので，学校復帰ははかどらない。その結果，「とりあえず適応指導教室」は，「ずっと適応指導教室どまり」になってしまうケースが増えている。

不登校などの諸問題の解決には，教師がかかわらずとも，スクールカウンセラーを導入してまかせればよいとする論調もあるが，これは一面的すぎる。人間関係は大切だが，不登校の

子どもたちに対する学力保障，進路保障，体力向上など，学校教育が果たす役割は大きく，スクールカウンセラーができることだけでは限界がある。

皮肉なことに，不登校の子どもに対応する施設や機関が増え，スクールカウンセラーやその他の相談員等々もかかわるようになったことは，学校教員が自ら不登校の子どもとかかわる機会を大きく減らしてしまうこととなった。そして，学校以外の場所での不登校対応が進むにつれ，多くの子どもが教室に戻らず学校から離れていく現象がある。

子どものための学校社会に

文部科学省（2003）は「不登校の解決の目標は，児童生徒が将来的に精神的にも経済的にも自立し，豊かな人生を送れるよう，その社会的自立に向けて支援することである。その意味においても，学校に登校するという結果のみを最終目標にするのではなく，児童生徒が自らの進路を主体的にとらえ，社会的に自立することを目指すことが必要である」と提言した。にもかかわらず，いまだ「不登校はこうやったら解決する！」というソフトとしての教育内容や教育方法は確立していない。むしろ，学校や学校教員は，不登校に対するリソースを年々減じている。これは，不登校対応から撤退を続けた結果であると言わざるをえない。

学校や教師が不登校対応から遠ざかることは，不登校以外にもさまざまな困難な事情をもつ子どもにたち対して，教師が個別に対応する力までも弱くすることを意味する。不登校を生み続ける学校教育は，先細りするしかないだろう。配慮や違いを認めない学校は，また，配慮や違いを認めない人間を育てるからである。社会はますます硬直化して，ひとは生きにくくなり，行き場をなくすひとが多くなる。

子どもにとって学校は社会であり，学校教育の目的は子どもの社会化である。では「学校という社会」に生きることができない子どもは，どこで生きたらよいのか。

子どもが自立を学ぶために，学校に変わる「社会」を見いだすことは，現実には難しい。だから学校という社会を経ない子どもは，その後の人生の中でどこかに不全感を抱き，引き続き困難を有することが多い。「社会的ひきこもり」こそ，社会参加できずに困っている事実そのものである。我が国では，不登校・社会的ひきこもりのほかに，いじめ，精神疾患，自殺も増えている。これらは何らかの連関をもっているはずである。

不登校の子どもを学校へ取り戻すことは，学校を豊かにする。だれもが楽しく通ってこられる学校こそ，真の姿である。教師は，「忙しいから不登校にかまっていられない」という主客転倒に気がつくことが大切である。不登校に対応することは，学校中の子どもたちがみんな集まって生き生きすることに忙しいことではないか。いろいろな違いがある者が集まって力を発揮する。それでこそ個性が輝く。それを支援するのが学校教育ではないだろうか。

文部科学省「今後の不登校への対応の在り方について（報告）」2003

不登校対応にエンカウンターを生かすとは
——本書の解決策の核心——

川端久詩

なぜ不登校対応にエンカウンターなのか

　構成的グループエンカウンター（SGE）は，学校教育において，意図的・計画的に短時間で人間関係を結ぶ方法として，今日的な教育課題の「予防」におもに用いられてきた（不登校予防もその一つ）。さらに，不登校対応の現場に特化してSGEを用いたところ，学級復帰に向けての「対応」にも向いていることがわかってきた。SGEの提唱者である國分康孝は，SGEとは「こころとこころのふれあい」「本音の交流」であり，「本音と本音の交流のできる人間関係。または本音を表現しあい，それを互いに認め合う体験」であると述べ，SGEが豊かな感情交流のための集団体験学習であることを強調している。そして，そのねらいは「個の成長」であると言う。これは，不登校対応のねらいと同じである。

　一斉授業や一斉指導の場面が大部分を占める学校生活では，教師は集団の規範を重視し，規範の枠に抵抗する子どもに厳しく指導する。しかしそれだけでは，枠の中に存在したくてギリギリのところでもがいている子どもには支援にならない。去る者を追わずの現状では，教室の子どもの人数は減っていく一方だろう。子どもが抱える込み入った個々の事情に対応する力は養えず，教師はますます子どもと一対一で向き合うことが困難になる。そして，自分の手に負えなくなった子どもを，「あの子が弱いから，逃げているから」と，「だれかやどこかにお任せ」にしてしまう。

　不登校対応SGEは，このような現状を打開するためのものである。SGEのふれあいの精神は，「子どもとかかわろうとする気概」を教師に育てる。たった一つのケースでよい。徹して子どもの側に立った不登校対応を貫き，子どもを学級復帰させた担任は価値観が変わる。子ども1人1人が生き生きとする学級経営ができるようになる。

不登校対応にエンカウンターはここが効く

⑴教育分析としてのSGE ——「大人が変わると子どもが変わる」

　どんなに適切な教育の知識や指導法をもっていても，不登校の子どもに対して，教師や親が自分でも思わぬ対応をしてしまうという場合は多くある。例えば，青ざめて遅刻してきた不

國分康孝「第2章　構成的グループ・エンカウンターの理論」國分康孝・國分久子・片野智治編著『構成的グループエンカウンターと教育分析』誠信書房2006

登校気味の子どもを,「よく来たね」と歓迎できずに,「遅いぞ」と言ってしまうのはなぜか。我が子が朝，布団をかぶり，苦しそうにうなって起きられずにいるのを見て,「今朝もか」といらだってしまうのはなぜか。それは，その人の心の中に，それらの行動を妨げる何かがあるからである。國分（2006）は「コンプレックス，防衛機制，ある発達段階への定着，人格構造の片寄りに自我が振り回されているときがそれである」と述べている。

だから，不登校の子どもを理解し，かかわろうとするとき，教師や親が自らの思考・行動・感情の傾向や片寄りについても気づきをもち，その修正や拡大を図っておくことは必要である。これを「教育分析」という。國分は「教育分析のねらいのまず第一は自己理解である」と述べ，教師や保護者自身の教育分析の必要性をあげている。他者理解は，自己理解を通して成り立つ。つまり，自分を知る程度にしか，他者を理解できないというのである。

國分（2006）は,「エンカウンターの目的は『自他発見』であり，エンカウンター体験は教育分析の機能が高い」という。なぜならSGEは，次のような気づきを大切にするからである。1 いまここでの感情への気づき。2 その感情をきっかけとした行動パターンへの気づき。3 その行動パターンのねらい（意味）への気づき。SGEの①エクササイズ，②シェアリング，③介入を通して，このような「いま，ここ」での気づきが得られる。

さらに國分（2006）は,「自分の性格・心理的傾向，あるいは自分の行動のパターンに気づいていないと，カウンセリングのプロセス（①クライエント〔この場合は保護者や子ども〕とリレーションをつくる，②問題をつかむ，③問題に対応する方法を講じるプロセス）で不適切な言動をとりがちである」と述べる。これは不登校対応のプロセスにおいても同様である。そこで本書では，教師や親が自分の傾向をつかむために，子どもとかかわる前に不登校をどう認識するかという段階で，お互いの本音の感情を交換するシェアリングを重視している。

(2) 自己開示を促進する

いまやSGEをぬきにして，自己開示を語ることはできない。「自己開示」とは，self-disclosureの訳である。ジュラード（Jourard, S.M. 1958, 1971）はこの用語を初めて用い,「自己開示とは，他者が知覚しうるように自分自身をあらわにする行為」と定義した。そして，自己開示は精神的健康を左右する鍵であることを強く主張した。筆者（川端）はこれを,「SGEはスキルではない。自己開示しようとする気概を育てるのだ」と解している。SGEによる自己開示の効果には，筆者の体験では，次のようなものがある。

① （自己開示した側は）防衛機制が減る。
② 自己理解が増す。
③ 自己開示された側は，相手に（心理的に）近づきやすくなる。
④ 自己開示した者を模倣し，自分も自己開示しやすくなる。

Jourard,S.M.,& Lasakow,P. 1958 Some factors in self-disclosure. *Journal of abnormal & Social Psychology,* 56, 91-98／Jourard,S.M. 1971 *The transparent self.* rev.ed.Van Nostrand Reinholf.（岡堂哲雄訳『透明なる自己』誠信書房1974）

⑤他者の自己開示を聴いているだけでもヒントがもらえ，気づきが生まれる。

内面性の高い自己開示について，ペネベイカー（Pennebaker, J.W. 1989）は「告白（confession）」と名づけ，外傷体験の告白は開示者の心身の健康度を向上させるが，告白の抑制は健康度が低下すると報告している。

また片野智治（2007）は，SGEの体験過程は行動変容の過程であるとし，SGEによる深い自己開示を「自己露呈」と呼んだ。そして，次の4点を指摘している。

①エンカウンターは『あるがままの自己』の自己開示である。これがメンバー同士やメンバーとリーダー間のリレーションを形成する。
②エクササイズはふれあいの媒体である。リレーションが形成されていると，体験したエクササイズや他者の発言に触発されて，問題を抱えたあるがままの自己がいっそう語られるようになる。すなわち『やむにやまれぬ情念（思念）に駆られて』あるがままの自己が露呈されるようになる。話したり，語ったりすること自体が，抱えている問題の明確化や克服・解決につながる。
③SGEでは，メンバーはあるがままの自己に気づく，気づいたあるがままの自己を表現・主張する。あるがままの自己になりきっている他者を受けいれる。
④シェアリングによってメンバーの認知や修正や拡大がもたらされる。

花輪（1991）は，「（不登校の）子どもは答えを求めているのではない。どうしたらよいかという答えよりも，温かな関係に支えられて，悩みや夢を話し合うという関係そのものが子どもにとっての力になる」と述べる。

SGEの自己開示しあう人間関係は，子どもたちの健康度を高め，自らの発達課題を解くことを促進する。

(3) 未完の行為の完成──「かかわろうとする気概」を育てる

SGEに大きな影響を与えたパールズ（Frederick S Perls.）は，人が成長する過程や社会生活を送る中で，欲求や感情が抑圧されたことにより，完結できぬまま心の奥にしまわれた過去の出来事を，「未完の行為」と呼んだ。そして，自立・自律性・自己責任の確立を目標に，「未完の行為」の完成による「いま，ここ」の気づきの体験を重要視した。

不登校の子どもは，本当は言いたかったこと，言いたくても言えなかったこと，言ってはいけないと心の奥底深くに秘めた感情などを，たくさん抱えている。言葉で表出できなかった思いに，ずっと苦しみ続けている。閉じた心の蓋が固いほど，本人はそのような感情があったことにすら気づきにくくなる。悲しみやつらさや怒りを何十年もそのまま保存してしまう。「未完の行為」を背負い続ける人ほど，閉じた心の蓋は固く，認知（感じ方や生き方）へも影響を大きく受ける。例えば，取るに足らないことでもすぐ怒る子どもは「怒ってはいけない。そんな自分

Pennebaker, J. W. 1989 Confession, inhibition,and desease. *Advance in Experimental Social Psychology*, **22**, 211-224.／片野智治『構成的グループエンカウンター研究』図書文化2007

は悪い自分だ」と自分を責める。だから怒りを感じても笑顔でいたり，本当に怒るべきときに怒ることができなくなったりする。そしてこのような抑圧は，子どもから心身の活力を奪い，さらには自己肯定感を下げる。自分が大嫌いになる。

　では，「未完の行為」はどうやって解決したらよいのか。「未完の行為」は，だれかに語ることで，「いま，ここ」に再構成される。そうして封印していた感情が表現されると，現在の自分への「気づき」が生まれる。例えば，怒りが軽減してはじめて，これまでいかに自分の人生が怒りに満ちていたかに気づく。とても楽で，世の中が明るく見える。背中にいつも重くのしかかっていた人生の「重荷を下ろす」とはこういうことかと実感するようになる。

　花輪（1991）は述べる。「過去に戻るタイムマシンはない。いちばん言いにくいことが，いちばん言いたいことだ」と。不登校対応SGEでは，教師や親が子どもの味方になり，それまで子どもが秘し沈めていた感情を語ることができ，支え合う関係をはぐくんだとき，解きあぐねた発達課題が解け，過去や自身との和解ができる。これからの新たな人生を生きる意欲が湧いてくる。

(4)アタッチメント──愛着を形成する

　不登校という人生最大の危機に，子どもにとって本当に信頼できる人とはだれか。それは，自分の味方になってくれる人である。筆者の相談学級で，不登校体験を語る創作劇を上演したとき，終演後の楽屋に駆けつけた100人近いメンバー全員でシェアリングした。その中には，生徒たちの担任もいた。ある担任は，「いままで，うんでもすんでもないあなたが実はこんなに苦しみ，努力していたことを私は理解できていなかった。本当にごめんなさい。どうか私の教室に帰ってきてほしい」と涙ながらに語った。本音にふれた愛着形成の瞬間である。後日，その生徒は学級復帰した。

　ボウルビィ（John Bowlby）は，母親を安全基地として利用できるような，健全な「愛着（アタッチメント）」を形成した子どもは，不安を沈静し，情緒の安定（リラックス）が促され，探索行動や社会化が促進（エンパワーメント）されると考えた。また，子どもは周囲の家族に対しても健全な「愛着」を向けるので，そのフィードバックを受けてより肯定的な自己像をもち，自尊感情を高め，パーソナリティを発達させることが可能となると考えた。このような愛着は，エンカウンター（ふれあい）によって形成される。

　花輪（1991）は，「たとえ不登校が学校に起因するものでなくとも，その学校復帰に際しては学校の対応の如何による」と述べている。子どもの側にもし再登校への準備が整ったとしても，教室に安全基地となる担任の存在がなければ，子どもの不安は高まる。学級担任とのアタッチメントが形成されているかどうかは，学校社会への復帰にはたいへん重要となる。

花輪敏男"不登校対応チャート"「児童生徒の不登校に関する学校の取り組み方や指導援助の進め方についての研究」『山形県教育センター研究報告書』1991

第1章　エンカウンターを生かした不登校対応

不登校対応のプロセス
―本書の対応の手順―

川端久詩

不登校対応の主人公（インターフェイス）は学級担任

　途中にどんな機関やどんな人物が子どもとかかわろうとも，学級担任は，始めから終わりまで不登校の子どもに寄り添い続ける必要がある。なぜなら，相談機関のカウンセラーや適応指導教室の担当者では教室の中まで付き添えない。いざ子どもが学校に行ったとしても，教室の入り口から先は子どもひとり，ここまで苦しみを分かち合った伴走者はいないということになってしまう。これでは，せっかく子どもが成長しても，結局は教室に入れない。だからこそ，伴走者は学級担任である。学級担任との信頼関係ができておらず，学級の受けいれも整っていないようでは，ここまできて子どもは学級復帰をあきらめてしまう場合がとても多い。昨今は学生や非常勤の訪問相談員が家庭訪問等を行っている場合も多いが，このような学校外の支援者に丸投げした不登校対応のあり方は，実際の学級復帰につながりにくい。

　不登校対応は「外に出ることもできない状態」から「学級復帰」までの長い道のりである。私たち大人（教師・保護者，またその他の援助者）は，その全行程をあらかた見渡したうえで，子どもがいまどういう状態でどのようなことができるかなどを情報収集し，子どもの現在地がどこかをアセスメントし，そしてどうやったら子どもが「自分で考え，自分で決めて，自分で行動する」（花輪1991）ようになるか，ストラテジーを描き，ときにはそれを修正しつつ対応を進めていく。しかし，これを学級担任がひとりで判断・対応するのは困難であり，チーム支援が大切になる。ケースのコーディネーター，ナビゲーター役として，学級復帰の推進役になってほしいのは，生徒指導担当，特別支援コーディネーターや教育相談担当などである。定期的な支援会議（ケース会議）で担任を支え，現在地を示しつつ，具体的な動き方を提示する役割を果たしてもらいたい。ここで必要なのは，不登校対応の専門性と構成的グループエンカウンター（SGE）の知識と実践である。

不登校対応SGEの実施の手順

手順1　教師同士がエクササイズを行う（担任，支援チームのコーディネーターなど）

　不登校対応は，子どもと会えないところから始まることも多く，会えないからと教師が手を

花輪敏男 "不登校対応チャート"「児童生徒の不登校に関する学校の取り組み方や指導援助の進め方についての研究」『山形県教育センター研究報告書』1991

こまねいている場合も多いが，どのケースでもまず，支援は保護者と会うところからスタートする。保護者と面談をする前には，必ず教師同士でエクササイズのリハーサルを行うことが大切である。これからの保護者との出会いを想定し，当事者になったつもりで，教師同士で「不登校のミカタ」（P40）をリハーサルする。

手順2　保護者と会う。信頼しあう人間関係を結び，エクササイズを行う

次に，担任やコーディネーターと保護者が実際に会って話し合う段階となる。親には，子どものいないところで話したいこと，聞きたいことがたくさんあるので，まずは親としてのさまざまな思いをじっくり受けとめることに努めたうえで，これからのストラテジーを伝え，確認することが大切である。だから，この場面にはむしろ子どもがいないことが望ましい。

これからどのように不登校対応を行っていくのかについて保護者と共通理解できたら，無用な抵抗感を予防するために，SGEについてもていねいにわかりやすく説明し，保護者に安心してもらう。そのうえで，「不登校のミカタ」（P40）を保護者と行う。最後に，宿題として家庭でもエクササイズを行ってくるよう保護者へお願いする。

手順3　保護者同士で「不登校のミカタ」を行ってもらう

学校で行った「不登校のミカタ」を，家に帰ったら父親とも同じように行ってもらい，不登校についての考え方（見方）を共有できるとよい。不登校の相談に学校へ訪れ，家庭で子どもへ対応するのは，その多くが母親であるが，ここに父親が乗り出して共に参加するようになると，不登校対応の進展はとても速くなる。すると，ますます夫婦が協力しあうようになり，子どもを含めた家族が明るくなるので，学校復帰がますます早まることになる。祖父母など，家庭の中に日常的に子どもを見守る大人がいる場合にも，大人同士の実施を大切にする。

手順4　親子で実施する

父親と「不登校のミカタ」について共有できたら，いよいよ親子でエクササイズを行う。このとき，子どもは親の変化に敏感に反応し，母親や両親の生き生きとした姿や変化した親の姿勢から，「学校での教育相談が有効だから，自分に対する接し方がよくなったんだ」と感じるようになる。そして，「そんな先生なら信頼できるかも」と，学校や担任に希望をもち，担任に会いたくなる。だんだんと親子で対話することもできるようになり，肝心な不登校の話題についても，家庭での親子の対話が深まるようになってくる。

手順5　本人と担任で実施する

担任と本人で会うことができるようになったら，子どもが何に苦しんでいるかを，時間をかけてていねいに聴いていく。このとき担任は「イエスセット」（P60）を行い，これから学級復帰に向けて共に取り組むための作業同盟を子どもと結ぶことが必要である。

初めから本人に会える場合でも，保護者との面談から始めるここまでの手順は同じである。手順1〜5にかなうエクササイズについては，おもに第2章から第5章に示した。

手順6　適応指導教室・相談機関等で行う

　まだ学校には行けないが，少しずつ外に出られるようになった。子ども本人が家で退屈してきている。家族以外に話を聞いてもらえるような，相談機関に通わせたい（あるいは本人が通いたい）。学校の友達とは縁が切れたけれど，友達がほしい。ずいぶんと勉強も遅れたので，なんとかしたい。このような必要から，学級復帰に向けて，段階的に必要とされる機関がある。例えば，教育相談機関・相談学級・適応指導教室・フリースペース・自然教室等などである。

　これらの機関は，学校に行けずに孤立感を深めていた子どもにとって，やっと出会えた場所であり，気心が知れた仲間（ピア：peer）を求めて通う場所となる。そこで，「同じような課題に直面する人同士が互いに支えあう」関係をつくることが期待される。人間関係を比較的小さなサイズから段階的に体験学習させていき，遅れていた教科学習の補充やさまざまな活動を行うなかで，学校生活や集団生活に向けたリハビリを行っていく。

　また，子どもたちが互いの不登校体験を共有しあえるように，そこで働く教員，指導員，カウンセラー，ボランティア大学生などがリーダーとなり，意図的で構成的な関係づくりとしてのSGE体験を行うことが重要になる。学級担任は，この間，これらの機関に何度も出向き，積極的に子どもとかかわり，状態を把握することが大切である。この段階にかなうエクササイズは，おもに第4章から第6章までに示した。

手順7　不登校の子どもを受けいれる準備として，校内で行う

　実際の学級復帰は，登校訓練や夕方登校など，スモールステップの積み重ねの延長上にあり，リハーサルが大切になる。本人のトレランス（耐性）を考えて，学校で過ごす時間を短時間に抑えたり，本人の抵抗感や負担感を高めないようにする。子どもを迎える教師が，目に見える子どもの身体感覚から常に子どもの状態をモニタリングできることは，子どもを学級復帰をさせるために大切である。

　再登校では本人の緊張が高いので，がまんさせるのではなく，課題に取り組んでいるうちに緊張を忘れてしまうようにする。あるいは，登校してきた一連の対応の中で，立ち話の中ででもできるような，本人にそれと感じさせないエクササイズを行う。

　この段階にかなうエクササイズは，おもに第5章から第7章までに示した。

不登校対応におけるSGE実施の留意点

　不登校対応は長い道のりであり，子どもが「家の外にも出ることができない状態」から，「学級復帰後の適応」までのそれぞれの段階で，必要なエンカウンター（ふれあい）は異なる。また，SGE以外にも，体力や学力の補充，進路相談なども含めて，子どもが学校を休んでいる間に学校が支援しておかねばならないことはたくさんある。相談機関や適応指導教室など，学校外の機関に一時的に通うことが有効なケースも多くある。このように不登校対応で

は，どの段階において，どこで，どの程度，だれが，どういう内容の取り組みを行うかを総合的に策定し，それらの対応の中にSGEを生かしていくことが大切になる。本書における不登校対応の段階や方向性，それ伴うSGEエクササイズの内容と配置に関しては，ムスターカスの「ワンネス，ウィネス，アイネス」，花輪敏男（前掲1991）の「不登校対応チャート」に大きな示唆を得ている。最後に，これらを踏まえて留意点を述べる。

(1)エンカウンターを実施してはならない場合

精神疾患が背景にある場合，通院加療中の子どもに対してはSGEを実施してはならない。自我の成熟度（耐性，柔軟性，制御能力，現実感覚）に問題があると援助者が判断する場合も，自己の内面と向き合うような内容のエクササイズを行ってはならない。具体的な傷つき体験をもつ子どもへは，その部分に対する配慮も必要である。

(2)抵抗・耐性への配慮が必要

SGEは，子どもの抵抗・耐性に十分に配慮して，段階的に実施する必要がある。片野(2007)は，子どもが「リレーションの『意味と深み』を感じ始めてから，内面的な深い自己開示を伴うエクササイズを設定する」と述べる。本書でも，初めは本人が意識せず，日常生活の中でそれとなくエンカウンターできるところからエクササイズを設定している。

(3)ワークショップ参加が必須。本を読むことだけでは体得できない

SGEは「体験と感情を伴った気づき」を伴う。しかし残念ながら，本書を読んだだけの「知的理解」では，それがどのようなものであるのかを真に知ることはできない。そこで，2泊3日の構成的グループエンカウンター，不登校対応チャートの両ワークショップへの参加が必須となる（P152参照）。「自らが変わるから相手が変わる」。このような多くの体験と気づきを得つつ，不登校対応SGEを自らのものにしてほしい。

(4)子どものニーズを考慮して，SGEは「わかりやすいこと」を第一に

子どもが，発達の遅れに伴う困難（認知，社会性・関係性，行動，理解や表現：読む書く・聞く話すなど）をもつ場合もあることに留意しておく。個人とそのグループの特性に応じて，エクササイズのねらいや内容，方法を，「わかりやすい」ものにする工夫が重要である。

(5)リハーサルを必ず行う

職員室や家庭のリビング，相談室，校内研修会，不登校の子ども対象の保護者会，学校外の各機関など，不登校の子どもやその保護者とSGEを行う状況（シチュエーション）は，さまざまある。また，1回1回のチャンスがとても貴重である。そこで，保護者や子どもとエクササイズを行う前に，必ず教師同士でリハーサルをする。自らがエクササイズを体験することで，感情を伴う気づきが得られ，子どもへの見方が大きく変わる効果も得られる。保護者へ宿題を出して家庭でエクササイズを行う場合も，教師と，あるいは夫婦同士で必ずリハーサルを行ってから，子どもへ実施してもらうようにする。

片野智治『構成的グループエンカウンター研究』図書文化2007

エンカウンターを生かした不登校対応の実際

山下みどり

いい子でいることにくたびれたAさん

　友達，先生，そして親の期待に応えなければいけない，いい子でなければならないという思い込みから，自分を縛りつけてきた子どもたちがいる。自分の気持ちを抑え込み，いやなことにもYESと言ってきた（あるいは言わざるを得ないと思ってきた）。いい子であり続けるために多くのエネルギーを使い，そして力尽きてしまった。

　少し休んで落ち着いたら，いい自分も，ちょっといやな自分も，あわせてまるごと自分なのだ，自分は自分でよいのだと思えるようになることが，対応のまず第一歩となる。

◆対応例

　自分のことを，【私は人に対していやと言えない人間です】と書いた中学生のAさん。「小さい頃から，人の言うことは聞きなさいと言われてきた。だから，ずっといろいろなことをがまんしてきた。でも，もう友達につきあうのに疲れてしまった。いつも人のことを気にしていた。今は自分が何をしたいのか，何が本当に好きなのかもわからない。いやと言えない私は弱い人だ。どこにもよいところがない」と言う。

⇒ ほかの人から，Aさんの自己像をリフレーミングすると，【人の気持ちを思いやれる人】【やさしい人】【争いを好まない人】【協調性がある人】だと言われた。

⇒ 「そう言われるとそうだ。見方を変えるだけで気持ちが楽になった」「小さいころに言われたことが，今でもこんなに影響している」「自分の悪い面しか見えてなかった，よいところでもあるんだ」「ほかの人にも悩みはあるんだ」とAさんの考えが変化した。

⇒ よいところも，ちょっといやなところも，あっていいことがわかり，少しずつできないことは断れるようになっていった。自分だけでなく，他の人も同じ悩みを抱えているとわかり，クラスにいる時間が少しずつ長くなってきた。

＜ポイント＞

・自己概念（思い込みの自己像）は，他者からの評価を取り込んでつくられる。
・この思い込みの自己像が，私たちの行動の仕方に影響している。
・思い込みの自己像を取り払って，新しい自己概念をつくる方法にリフレーミングがある。

・リフレーミングとは……ゲシュタルト理論でいう「地を図に，図を地に変える」こと。1つの現象をいろいろな角度から見るということである。例えば，自分で短所だと思っていることが，他の見方では長所になる（P44）。

先生が怖いというBさん

　小学校低学年に多く見られる不登校である。幼稚園や保育園では，先生がお母さんのように，子どもが環境に適応できるように，個々にこまやかな配慮をしてくれるが，小学校では1クラスに40人近くの子どもがいて，学校のルールなどを教えたり教科を教えたりと先生も忙しく，1人1人の欲求や個性にこまやかに対応してもらうことは難しい。そのため「先生は怒るから怖い」「みんなと一緒にできない，早くって言う」など，教師に対する不適応が子どもに生じ，「学校は怖いところなので，お母さんから離れられない」ということになると理解される。もちろん，子ども自身の育ちの未熟さ，耐性の低さなども背景にある。

　先生は，子どもと仲よしになることが大切である。保護者とも連携をとる。「お母さんと楽しそうに話をしている先生はいい人かもしれない」と子どもが感じ，親近感をもつように仕向けるためである。また，保護者に，どうして学校に行けないのかという子どもの行動の意味を理解してもらうことも大事である。

◆**対応例**

　「学校に行きたくない」という小学校1年生のBさん。「男の先生の叱る声が怖い」という。まずは，先生は怖くないということをわかってもらうために，家庭訪問を実施した。お母さんと一緒に子どもの行動の意味を考えることも行った。

　⇒初めはまったくBさんと会うことができず，玄関先でお母さんと話をして帰る日々であった。何度かお母さんと話をしていると，お母さんにくっついてBさんがのぞきこむ様子が見られるようになった。

　⇒「お母さんと一緒でいいから，学校に来ない？」と話をした。

　⇒お母さんと一緒に登校した。授業もお母さんと一緒であったが，クラスになじむに従って，少しずつお母さんがいなくても大丈夫な日が増えていった。

＜ポイント＞
・いきなり登校を誘ったりせずに，たわいもない話をして，信頼関係づくりに徹する
・この先生は信頼できると，子どもに感じてもらうことが第一歩
・学校はあなたのことを忘れていないよというメッセージを，子どもや保護者に伝える
・行事予定など学校の情報は遺漏なく伝えておくこと
・保護者に対しても，一緒に子どもさんのことを考えていきましょうという姿勢を伝える

エンカウンターを生かした
反社会的問題行動を伴う不登校への対応

住本克彦

反社会的問題行動を伴う不登校とは

　教育現場では，怠学すなわち怠けによる不登校への対応も，大きな課題の1つになっている。いわゆる「反社会的問題行動（非行）を伴う不登校」で，彼らには，登校しないことへの罪悪感や情緒的な混乱は希薄である。そしてその多くは，無断欠席や遅刻，早退を繰り返す。

　非社会的問題行動が，対社会的，対人的なかかわりを避けようとするものであるなら，反社会的問題行動は，対社会的，対人的なかかわりを壊そうとするものであると，とらえることができる。ただ，反社会的問題行動もまた，非社会的問題行動と同様に，不安や緊張から自分を守ろうとする防衛機制そのものであると考えられる。彼らは，反社会的問題行動によって周囲へ被害を及ぼしながらも，実は「自身は被害者である」との思いが非常に強い。支援者が彼らの問題行動に向き合うとき，「俺はここに確かに存在しているんだよ！」「俺の心の居場所はどこにあるんだ！」，こういった心の叫びが必ず聞こえてくる。また，非社会的問題行動の不登校でもそうであるように，自尊感情の低さもほとんどの子どもの事例で確認できる。

　このように両者は，見かけに現れる行動は違っていても，その根底には同じ問題を抱えている。にもかかわらず，学校教育においては，「反社会的問題行動は生徒指導の範疇」「カウンセリング的対応は生徒指導の枠外」という考え方が依然として根強く，不登校対応で中心的な役割を果たしている教育相談の教師たちと，生徒指導を中心的に担っている教師たちが，同じ支援チームの一員となって，反社会的問題行動を伴う不登校の子どもに対処する機会はきわめて少なくなっている。

　生徒指導と教育相談の主たる相違点は，子どもに現実原則を提示するレベルの強弱にある。一面的な生徒指導では，子どもが暴言を吐いたときに，「教師に向かって，バカとは何だ！」と返し，社会ではそのような態度が通用しないことを示そうとする。いっぽう教育相談では，「そう言うことで，君は，父親に対する反抗心を教師に向けているんだよ」と，内面に向き合わせることで行動を変えようとする。つまり両者は機能であり，その両面からアプローチすることが大切なのである。対応の効果を上げるためには，教師がこの点を十分認識して，チームを組んで支援にあたることが大切なのである。

反社会的問題行動を伴う不登校支援のあり方

　反社会的問題行動を伴う不登校では，当事者となる子どもたちに相談への動機づけが乏しく，その多くが対人不安や疎外感等を背景にもっている。まずは，彼らとリレーション形成を図るために，家庭訪問を繰り返していく。あるがままの彼らを受け入れ，彼らの怒りや悲しみ等の思いを共感的に理解することで，自己洞察を援助していく。そうすることによって，自己理解・自己受容を深め，他者への信頼感が育ち，自尊感情を高めていくことができる。

　子どもとの間にリレーションが形成されると，支援者は彼らにとってのキーパーソンとなり，そこまでの交流は，まさに心の居場所づくりとなる。ここまできたら，別室登校も視野に入れながら，今度は学校での心の居場所づくりを展開していく。また並行して，彼らのストレスコントロールの能力も同時に高めていく。面接の中にストレスマネジメント教育を取り入れ，セルフリラクゼーション，ペアリラクゼーション等を重ねていく。

　いっぽう彼らが在籍するクラス等でも，SGEの実施を積み重ねながら，自他を大切にできる集団づくりを進めていく。タイミングを図りながら，学級活動，ホームルーム等の時間に実施するSGEへ当該生徒の参加を促し，エクササイズを活用して，彼らに感情表現の場を設定していく。筆者の経験では，次のようなエクササイズが効果的であった。

　①「私のお願いを聞いて」（自己主張訓練になる）P108参照
　②「私の好きなこと」（他者理解と共に，自己受容の体験になる）P88参照
　③「私の人生の振り返り」（自己受容の体験になる）P128参照

　留意点として，SGEの実施前には，相手の立場に立って言動を受け止めること（「人の話を一笑に付すな。何となれば，その人の言動は，その人の人生そのものである」）などの約束事を，あらかじめ徹底しておくことも大切である。

組織的対応の必要性

　反社会的問題行動を伴う不登校の支援でも，支援者の「連携」は基本である。連携がなされない場合，子どもへの対応には一貫性が失われ，効果が上がらない。校内に生徒指導と教育相談の両面を含む支援チームを組織し，情報の共有，支援の基本方針の確認，手立ての修正・決定等を常に行いながら，支援を進めていくことが何よりも重要である。

　また，反社会的問題行動を伴う点からは，彼らを取り巻く家庭，地域等の全体の環境改善も視野に入れなければならない。ここでは，関係機関（児童相談所，教育相談センター，少年サポートセンター等）との連携も重要で，学校と関係機関がいかにフェイス・ツー・フェイスで検討を重ねていけるかが今後の課題である。学校におけるさまざまなニーズに応えるためには，学校関係者を中心に検討を進めていける体制づくりが，今後はさらに望まれるだろう。

エンカウンターを生かした学校規模の不登校対策

住本克彦

　学校が、子どもたちにとって、自分が大切にされている、存在そのものが認められている「心の居場所」だと実感できる場所、さらには、教職員や友達との信頼感の中で主体的に学びを進めることができるような場所になれば、不登校はそもそも起こりにくいと考えられる。また、不登校傾向の子どもを初期対応で好転させることができるようなシステムをもつ学校づくりをめざすことも重要である。

不登校を生まない環境づくり

　学校における不登校対策は、子どもたちが不登校になってからの事後対応に重きを置いて考えがちである。しかし、それ以前に、子どもたちが不登校とならないよう、子どもにとっての魅力ある学級、学校づくりをめざすことが何より重要である。

　学校が組織として「わかる授業の展開」「心の居場所を実感できる学校づくり」「児童生徒の発達段階を考慮したきめ細かい配慮」等を心がけ、子どもに関する下学年からの情報を十分に分析して活用するなら、かなりの不登校は初期段階で好転するはずである。また「中1ギャップ」と言われるように、小学校から中学校への環境移行時には不登校生徒数が増加する現象が見られるが、これは、どの子どもにとっても、この時期がまさに心の危機状態であることを象徴していると考えられる。教師による注意深い観察と素早い対応によって、中1ギャップはその数を減らしたり、初期対応での好転が可能であると考えられる。

　ふだんから子どもや保護者と情報交換を重ね、信頼関係を深めていくことは、不登校発生時の対応を円滑に進めることにもつながっていくのである。

早期発見と対応のシステムづくり

　いっぽうで、不登校の早期発見・早期対応システムを、学校規模でつくっておくことも大切なことである。早期発見のための方法としては、ストレス調査や教育相談を通して、子どもたちのサインを事前につかみ、対応できるようにする。また、校内組織を整備したり、校内研修会等によって不登校問題に対する教職員の共通理解を深めたり、不登校の予防の方法として構成的グループエンカウンター（SGE）の研修を重ねたりすることも、効果的である。

住本克彦「開発的カウンセリングとしての構成的グループ・エンカウンター」上地安昭編『教師カウンセラー』金子書房2005

早期対応システムとしては，連続欠席者調べ，定期的教育相談週間の実施，教育相談委員会での情報交換会の実施，毎学期のカウンセリング研修会の開催等が有効である。

SGEを使った学校全体の取組み

不登校の子どもへの対応は，学級担任一人が抱え込むことでは効果が上がらない。そればかりか，担任自身にも大きすぎる負担がかかり，健康を害することにもなりかねない。担任を支援の中心に置きながらも，学校全体で，不登校の子どもが現在どのような状況で，どのように学級担任や養護教諭，スクールカウンセラー等がかかわっているのか，今後どのように指導・支援を進めるのかといった点で，情報共有等しながら，関係職員が定期的に会議を開き，支援チームをつくって当該児童生徒を支援していくことが有効である。

さらに，学校全体での不登校対策として，心と心のふれあいのある人間関係づくりや，子どもたちの自尊感情を高める取組みを行っていくことも大切である。そのためには，学校の年間計画にSGEを位置づけて実践していくとよい。1学期は，自己紹介，他者紹介など，リレーションの形成のエクササイズを。2学期は，子どもたちの相互理解をさらに深めるエクササイズを。そして3学期は，まとめの学期，次年度につながる学期として，自己受容，感受性の促進，自己主張等のねらいのエクササイズを。各学年の発達段階にあわせて実施していく。

このようなSGEの実践は，再登校を始めた不登校の子どもたちにとって，心の居場所づくりの支援にもなる。不登校だった子どもたちにとって，学校の中で自然に自己有用感を感じられるようなことは，ほとんどないと言っても過言ではない。意図的・計画的に，クラスの中で心の居場所を実感できたり，自分もクラスの役に立っていると実感できるような場面を設定していくことは，再登校を定着させる大きな要素になる。

例えば，「あなたはどこかで必ずヒーロー，ヒロイン」※というエクササイズは，他者理解をねらいとしたもので，小学生から高校生まで実施可能である。学校行事などのあとに，クラスや学年，あるいは学校のために，さらには地域社会のために，活躍・貢献した仲間へのメッセージを書いて交換し合う。他者からの支持により，どの子にも自己有用感をもたせることができる。また，不登校の子どもの場合，「早く学校へ行きなさい！」「今日も休むの……」等の家族からの言葉にも精神的な負担を受けていることは多い。したがって，家庭でも，「あなたはどこかで（家族の中で）必ずヒーロー，ヒロイン」を行ってもらい，記入したカードを本人に手渡してもらうと，家族との絆も深めることができる。

このようなエクササイズを，学級活動や学校行事の後に，どの学級でも必ず実施できるように，学校全体で年間カリキュラムに位置づけておくのである。これにより，不登校を予防する取組みと，不登校の子どもへの支援が同時に可能になるのである。

※「君はどこかでヒーロー」『エンカウンターで学級が変わる・中学校編1』図書文化1996

不登校対応に生かす
エンカウンターのエッセンス

片野智治

「学校教育の目的は，児童生徒を社会化するところにある」（國分康孝）。「社会化する」とは，私は次のような意味が含まれると考えている。

　①（人から言われなくとも）自分からすることを教える（自主性・積極性）
　②したくなくとも，せねばならないことを教える（責任性）
　③したくとも，してはならないことを教える（ルール，規範意識）
　④友達や仲間と，一緒に取り組むことを教える（共同性，協調性，協働性）
　⑤同じするにも，陰日向なくすることを教える（誠実性）

　これら社会的な行動は，どの子にも一様に育つわけではなく，学習過程でつまずく子どもも少なくない。その重要な要因の一つが，望ましい人間関係をもてたかどうかにある。

　ある適応指導教室で，私は，10名前後の子どもたちに，エクササイズ「はぐれジャンケン」（P116参照）を試みた。初めての挑戦だった。3人1組でジャンケンをして，2人が同じで1人だけ異なったものを出した場合に，その1人がグループの外に出ていくのである。残った2人は，他のグループからはぐれた1人を呼び込み，再び3人1組になってジャンケンする。子どもたちは，はぐれた状態と仲間が共にある状態を体験して，自分自身に気づきをもつ。

　はぐれると，私たちはうろたえる。例えば，迷子になってしまった子どもは，安全基地を突然見失ってうろたえ，大声で泣きだす。泣くのには二つの意味がある。心理的ショックが変換された泣くという行動と，とっさに本能的に救護を求める行動である。

　花輪敏男は，不登校を「すくみ反応」と定義している。すくむというのは，うろたえて，怖じ気・おそれ・緊張・混乱などで，身体がこわばって動けない心理的・身体的状態をいう。「はぐれ→うろたえ→すくむ」子どもを，SGEでていねいに結び直したいのである。

「身も心もすくんでしまう子ども」に必要な接遇とは

　花輪の定義にそって，不登校について考えてみたい。ここでいう「すくみ」は，対人関係へのすくみである。広義にいえば，外界へのすくみといえる。

　不登校になった子どもが体験する感情を推測してみると，気おくれ，びくびくする，心配する，懸念する，不安，緊張，戸惑い，困惑，心細さ，混乱，無力感，惨めさ，恥ずかしさ，

情けなさ，罪障感，不信などなどであろう。このようないろいろな感情を体験するあまり，結果として子どもは動けなくなる，動きがとれなくなる。そして，本人にとって何よりも深刻なのは，このような自分に遭遇するのは初めてだということであろう。「これはいったい何なのだ」「このような自分をいままで一度も経験したことがない」「私はどうかしてしまったのではないか」というような，自己への疑惑・不信が生じてくる。

例えば，幼児にとって「いないいないばぁ」は，信頼の原初的な体験であるが，この体験は，「親が見えなくなっても，すぐにきっと出てくる」という予期が中核になっている。「すぐ出てくる」という予期のとおりに親が出現するので，不安が予期に変わり，子どもは不安に耐え得るようになる。いっぽう，自己への疑惑・不信が消えず，なかなか元の自分に戻れない不登校の子どもは，自己への信頼を回復するのに多くの時間を要するであろう。

では，このような心理状態にある子どもを，どう援助するのか。例えば，迷子になった子と対面した親は，抱きしめる親から叱りつける親までいて一様ではない。抱きしめる親の心理から，叱りつける親の心理をみつめることで，私なりの考えを示したい。

抱きしめる親は，その瞬間，迷子になった子どもを受容しているといえるだろう。つまり，親を探し求める間の子どもの気持ちになっている。うろたえ途方にくれながら子を探し，見つかったときの安堵感が，子どもの感情と交差している。いっぽう，叱りつける親の中には，安堵感よりも善悪判断が先行する。「あれほどお母さんの側から離れてはいけないと言ったのに」「言うことをきかないからこういう目に遭うのよ」「どうして迷惑をかけるの」といった審判が先に立つ。言うまでもなく，後者のような親の接遇を受けると，子どもの中にしこりが残る。このしこりは，子どもには意識されないままに，心の奥底に抑圧されることになる。この抑圧が消えないかぎり，不登校という「すくみ状態」は続くであろう。

援助を妨げる教師（リーダー）の抵抗

不登校対応の過程で，抵抗は教師（リーダー）の側にも表れてくる。これに気づいているか否かによって，教師の子どもへの態度や対応には相違が出てくる。教師が自身の抵抗に気づかないまま態度に表れている場合，不登校への援助も効果が得られない。

では，不登校に対する教師の抵抗とはどのようなものか。論理療法的カウンセリングの観点によれば，以下に示すような非論理的な考え方，つまりイラショナルビリーフが教師の抵抗の源泉となる（國分・國分・片野，2009）[※]。

(1)ワンネスの形成を阻むイラショナルビリーフ

ワンネスとは，子どもの内的世界を共有しようと，教師が好意の念をもって，子どもへの肯定的・積極的な関心を示すことをいう。その結果として，子どもは受容され，気持ちをわかってもらえたという体験をする。いっそう子どもの内的世界が開かれることになる。

※國分康孝・國分久子・片野智治が作成したイラショナルビリーフの質問紙。「円満主義」「常識主義」「甘え抑制」の3因子から成る。

しかし，このようなワンネスの形成を妨げるイラショナルビリーフが，以下のようにある。
「すべての人に好かれるべきである」……このビリーフは失愛恐怖の元になる。教師は八方美人になり，お世辞を言うようになって，相手とふれあうことができない。
「人に嫌われるのはダメ人間だ」……このような被拒否感のあるところに受容・共感はない。

(2) ウィネスの形成を阻むイラショナルビリーフ

ウィネスとは，教師と不登校の子どもが，仲間や同盟者のような関係をいう。一言でいえば，子どもの足しになること（具体的な支援行動・反応）をすることをいう。
ウィネス形成を妨げるイラショナルビリーフも存在しており，次のものがあげられる。
「人は私の欲するとおりに行動すべきである」……このような思いは，ナーシシズム（自己愛を満たしたい欲求）に由来する，支配と服従の関係を求めている。
「人の好き嫌いがあってはならない」……人生の事実を無視した強迫傾向のある願望である。
「非常識な人にはがまんができない」……仲間意識を形成するには，トレランス（がまん強さ）が必要となる。非常識のほかにも，子どもの無責任さや放縦さなど，教師が寛容を必要とすることは多い。

(3) アイネスの形成を阻むイラショナルビリーフ

アイネスとは，役割や性別，社会的地位の有無，先輩・後輩，師匠・弟子といった世俗のしきたりから脱却して，ひとりの人として立ち居振る舞いをするというあり方をいう。例えば，師匠が弟子を前にして，若いころの苦労話，失敗談，屈辱を味わった話を自己開示する。また，ふだんおとなしい仲間が，引くに引けずに自己主張する（気概の表出）。仲間同士で，歯に衣を着せずに対決（生産的論戦）する。このような行動や反応はアイネスの典型である。
このアイネス形成を妨げるイラショナルビリーフとして，次のものがあげられる。
「人に甘えてはならない」（依存禁止）……このビリーフがあると，子ども（メンバー）が甘えてきたときに鬱陶しく感じる。甘え願望を自己開示するところには，ふれあいや甘えられる側の自立（アイネス）が促進される。
「人生は思うとおりになるはずである」……ナーシシズムに由来した，非現実的で強迫傾向を帯びたビリーフと考えられる。思うとおりにならないからといって教師がアイネスを発揮すると，独善・独断と反発・抵抗を誘発しやすい。
「出る杭は打たれるので目立たないほうがよい」……これは，自己開示や自己主張，対決を抑制するビリーフである。このようなビリーフがあると，"Courage to be."（私は私である。ありたいようなあり方をする勇気）は損なわれ，真の自分から遠くなる。

《子ども（メンバー）が体験する抵抗》

参考までに，不登校対応の過程で子ども（メンバー）が体験する抵抗をつけ加えておく。
① 構成への抵抗……ＳＧＥは，お互いが意図的に自己開示し合うことをめざした，教師（リー

ダー）からの働きかけである。「ふれあいが強制されている」「エクササイズをするので，それをうまくできるかに気をとられて，ふれあうどころではない」と，構成自体に誘発されて抵抗が起きる場合がある。

②変化への抵抗……いまいる少数の友達や親友だけで十分だと思って，多くの級友と深い関係をもつことを拒む子どもがいる。いっぽうで，このような子どもは，他者とかかわることや，級友からの声かけに応えて自分から発信する行動・反応が乏しい，またはできない子どもである。どちらも自分が変わることを拒んでいる。

③取組みへの抵抗……めんどくさい，億劫だ，飽きた（厭きた），目的や意味がわからない，といった行動・反応である。

すくみやはぐれを予防するグループ成長

本節の冒頭で，学校は児童生徒を社会化する場であると述べた。社会化するにあたり，1人1人の子どもが所属する集団は，どのような集団であれば望ましいのか。

筆者が研究してきた，グループ状況での「エンカウンターと集団成長との関係」から得た知見をもとに言及する。学級という社会的生活の場で，子どもの心身のすくみや，不可避的に突然に起こるはぐれを予防するための示唆が，ここから得られるであろう。

《望ましい集団の特徴―SGEでみられるメンバーの行動を元に―》

①それぞれのメンバーがグループのために何らかの役割を分担し，こなしている。これは役割遂行（学級でいえば係活動）。

②サブグループ（私的な仲よしグループ）が固定化せず（ペアリングしない），集団全体（グループ）が一つになっている。これは集団の規範。

③ふだんの人間関係で，互いに介添え役・代弁者・弁護役を心がけている。「太郎君は君にそう言われて，つらいと思うよ」など。個々人が補助自我になることを勧めている。

④個人的な問題でも，他人事ととらえず，みんなで解決し合おうとしている。集団の中で起きた問題は集団の中で解決する。個人的な問題も多くはだれもが直面し，公共性がある。

⑤仲間に対して受容的・共感的である。

⑥個人的に相談したりされたりしたことでも，あとで集団に対してオープンにし，みんなで共有し合おうとしている。これは情報の共有。

⑦発言や行動を無理強いせず，沈黙の自由を尊重し合っている。個々人の意思決定の尊重。

⑧自分の思いや気持ちを，臆しつつも口に出している。これは自己開示や自己主張の勧め。

⑨各メンバーの動静を全員が承知している。情報の共有化を意味している。

⑩自己開示の深浅，発言の頻度数，ふれあいの度合等の個人差を許容し合っている。集団を画一化しないという原則である。

片野智治『構成的グループエンカウンター研究』図書文化2007．國分康孝『エンカウンター』誠信書房1981, P.23～32

第1章　エンカウンターを生かした不登校対応

なぜSGE的アプローチをとるのか
──カウンセリングを超える特色とは──

國分康孝・國分久子

　本巻を含む2009年からの構成的グループエンカウンター（SGE）シリーズの書籍は，不登校対応・保護者会・外国語活動・特別活動・キャリア教育などの教育現場の諸問題に対応するのに，SGEがどのように役立つかということを共通テーマとしている。なぜカウンセリングの応用シリーズではなく，SGEの応用シリーズとしたのか。

　それは，SGEには，「これまでのカウンセリング」を超えるものがあるからである。これまでのカウンセリングは，「傾聴，洞察，強化，モデリング，受容，情報提供，シェーピング」など，行動の変容を目的とする面接技法志向のカウンセリングであった。すなわち，カウンセリングの第一勢力（精神分析志向）と第二勢力（行動理論志向）が主流であった。

　この二大勢力の弱点を補うものが，第三勢力（実存主義志向）である。そして第三勢力の具体例のひとつがSGEである。SGEは，これまでのカウンセリングをどのように補いうるのか。

自己開示

　精神分析理論でも自己理論でも，これまでのカウンセリングはリレーション形成を不可欠の条件としていたが，これは「洞察」や「自己概念の再構成」という目的を達成しようとしていたからである。ところがSGEのリレーション，すなわち「ふれあい」は，「ふれあい体験」そのものを目的としている。「ふれあい」を介して「何かしよう，何かさせよう」という意図はない。「ふれあい」というリレーションは，人間の原点（母子一体感，我と汝の関係，ワンネス）を共有することであり，これ自体に意味があると考える。

　ところで，「ふれあい」とは，相互に自己開示し合っているリレーションのことである。これまでのカウンセリングの世界では，フロイディアンもロジェリアンも，基本的には自己開示をしなかった。白紙の状態で臨めとか，中立性を保てと教えていた。科学的であろうとする行動理論では，そもそも主観的な自己開示については無関心であった。それとは対照的に，実存主義の影響を受けているSGE的アプローチの第1の特徴は，「自己開示」にある。

介　入

　介入とは，目的達成を意図した反応（レスポンス）のことである。カウンセリングそのもの

（例：受容，繰り返し，明確化，支持，質問）が介入だといえるが，SGEの第2の特徴である「介入」は，カウンセリングのそれよりも能動的（割り込み的）である。SGEはカウンセリングよりも教育的色彩（現実原則志向）が強いからである。下記に，SGEの主要な介入を列挙したい。

①ルールの保持：時間，場所，グループサイズ，ペアリングの禁止など，「枠」の中での行動をSGEは指示・要請する。「枠」が行動の自由を保護し，促進すると考えるからである。

②ロールプレイや簡便法による面接：「自己弱小感」「抵抗」「ストレス」「葛藤」「迷い」「怒り」などから脱却させるために「エンプティ・チェア方式」「役割交換法」「論理療法的面接を用いた対決法（コンフロンテーション）」などを用いる。ただし，この介入がメンバーの耐性を超えると心的外傷になることもありうるので，メンバーの自我の成熟度（耐性，柔軟性，制御能力，現実感覚）を考慮する。そのときに役立つのが，カウンセリング理論である。

③リフレーミング：SGEリーダーは状況に応じてメンバーの認知（受け取り方）を修正することもある。例えば，「自分は申し分のない人間だ」と思っている青年に，「あなたは年齢のわりに老けた人間で，青年らしくない」とリフレーミングすることがある。つまり，共感的理解にとどまらず，リーダーが状況に応じて意見表明をすることもありうるということである。

④支持（サポート）：支持するとは，味方になるということである。味方になるとは，a.相手の考え方や感情に賛意を表明する，b.相手と行動を共にする，c.対応策や情報を提供する，ということである。すなわち，中立や保留の立場をとらないことである。

⑤シェアリング：ある事柄や体験，見聞をめぐって，関係者が「感じたこと，気づいたこと」を語り合うことをシェアリングという。SGEでは不可欠の要素である。そのねらいは，お互いの「認知の修正と拡大」にある。川端久詩が企画・提唱した，不登校体験者が「自分の不登校体験から感じたこと，気づいたことを語り合う劇」（P68参照）はシェアリングの応用例である。シェアリングは，グループカウンセリングよりも活用領域が広い。すなわち，会議，授業，行事の後の反省会，学会などのラウンドテーブルなどでも使用可能である。

　　シェアリングはゼミのような知的会話ではない。自己受容・他者受容が前提条件であり，そこには「自己開示と被受容感の雰囲気」がある。ディベートや座談会とは，そこが違う。

　結語。カウンセリング的アプローチでは，援助者はカウンセラーとか教師という「役割」を遂行することが主になる。それゆえ，私的なつきあいを回避し，プロフェッショナルであろうとする。ところが，SGE的アプローチでは，リーダーは「役割」に縛られずに，「個人としての自分を表明する」ことをためらわない。すなわち，ソーシャルリレーションよりもパーソナルリレーションにウエイトをおく。これまでのカウンセリングは前者志向（役割志向）になりがちである。しかし，SGE的アプローチは後者志向（私的感情許容的）であり，カウンセリング偏向からのバランスを回復するという意味がある。

コラム　不登校に対する個別対応の観点

國分久子

問題解決の観点
個別面談を中心とした不登校対応においては，個々の発達上の課題をていねいに解決していく。國分久子は小泉英二の研究に示唆を受けて，精神分析の観点から問題解決のための課題を整理している。

	〔アセスメント（原因）〕	〔ストラテジー（対処法）〕
①非行・怠学型	超自我の内在化不全	現実原則の学習
②優等生のくたびれ型	現実原則の過剰学習	超自我の緩和
③心理的離乳不全型	分離不安	徐々に心理的離乳

優等生のくたびれ型・花子の事例
父（50歳）会社員，母（46歳）専業主婦，兄（15歳）中3，花子（12歳）中1，妹（7歳）小1。

2学期が始まってまもなく，花子は3日ほど中学校を休んだ。その後も朝になると頭が痛いとか，吐きたいとか訴えて，学校に行けない日が1か月以上も続いていた。ただし，午後になるとケロリと治るので，不登校を心配して相談に訪れた。

花子の家族は父の仕事の関係で，その年の4月に関西から東京に引っ越してきた。東京では言葉も違うので，すっかり戸惑っていた。花子は神経質で，完全癖だったからである。

母親はのんびり屋の兄を見かねて，「もたもたするんじゃないの」「もっと勉強せえへんと，ええ学校に入れへんよ」と口うるさく文句を言うのが常であった。花子は母親の小言を耳にして，母の期待どおりに行動する「よい子」であった。しかし，母親は末の妹ばかりをえこひいきしている。

父親は商事会社のエリート社員。家では寝ころんでテレビばかり見ている。母親はこんな夫が不満で，不満を子どもにぶつけていた。母親は一人娘で過保護に育ち，自身親離れしていない。

1．行動のパターン	2．行動の意味	3．行動の原因
①頭痛	①妹への嫉妬，怒りの内向化	①妹に母をとられる，カインコンプレックス
②不登校	②甘えたい，逃避	②口唇期の問題，早すぎる離乳
③転校で新しい学校になじめない	③柔軟性不足，欲求不満低耐性	③自我が弱い，ソーシャルスキル不足
④完全癖	④失敗をおそれる，自由にできない	④肛門期的性格　トイレットトレーニングが厳しかったかも
⑤よい子・優等生	⑤愛への欲求	⑤失愛恐怖・抑圧的

そこで，次のような対応を勧めた。(1)母親にスキンシップをこまめにすることを勧める（例　肩にふれる，抱きしめる等）。(2)花子に担任が，「クラスの友達に，『教えて』と声をかけられるようになるといいね。先生と一緒に練習してみよう。『○○教室の場所を教えて』」と言う。(3)さらに「お母さんには言えないような気持ちを先生には言ってみて。『例えば，妹がうらやましい……，お父さんへの不満を私にぶつけないで……。私，イライラする……』と言ってもいいのよ」と告げる。

試行錯誤しながら，母親は花子へのスキンシップを自然にできるようになった。花子は気軽に「教えて」を口にできるようになり，周囲の級友とのおしゃべりがスムーズになった。

第2章

保護者・教師の「ねばならぬ」を変えるエクササイズ

保護者・教師の「ねばならぬ」を変える段階とは

川端久詩

ワンネスから始める

　本章のエクササイズは，SGEのワンネス（being-in）プログラムで構成されている。

　SGEのプログラムは，実存主義的な児童心理臨床家ムスターカス（Moustakas, C）によるワンネス（being-in）・ウィネス（being-for）・アイネス（being-with）という援助的な人間関係の3つの局面から成っている。これらは，子どもの援助者である教師や親が，自分と子どもの成長と自立のために，子どもの傍らにどう立ち，何を為していくかというかかわりの過程や指標として示されている。不登校対応を目的とする本書におけるエクササイズの配置も，ワンネスからウィネスへ，そしてアイネスに向かうグラデーションとなっている。

　片野（2007）は，「構成的グループエンカウンターの構成の主要素はプログラムである。プログラムとは，定型化されたエクササイズの配列のことである」「ここでいうエクササイズとは，心理面（思考・感情・行動の三側面）の発達を促す心理教育的課題のことであり，その内容は対人行動に関するものである。したがって，SGEのリーダーの重要な役割の一つは，プログラミングである」と述べる。そして「内面的な自己開示を伴うエクササイズは，メンバー間のリレーションが形成されてから設定される。自分自身への注視意欲が高まり，相手（メンバー）との間のリレーションの『意味と深み』を感じ始めてから，内面的な深い自己開示を伴うエクササイズを設定する」という。

　花輪（1991）の「不登校対応チャート」においても，対応の初めに「認識の段階」が設定されており，不登校とは何か，また不登校の子どもの行動をどう理解すればいいかについて，取り扱うことから始めている。まず初回面談では，親の話にじっくりと耳を傾けたうえで，不登校を「困ったこと・悪いこと」とするネガティブな見方から，この子どもにとっては「必要なこと・大事なこと」というポジティブな見方に変えていくことで，教師と親，親子間に自他一体感をもたせながら，今後の取り組み意欲を高めるかかわりをしていく。不登校には生きるための重大な意味があるという，「みんな同じでなければいけない」というビリーフから「ひとと違った生き方にこそ自立がある」という逆転の発想にダイナミズムがある。

　「〜ねばならない」という生き方にとらわれるほど，「不登校する子は弱い，悪い」という見

片野智治『構成的グループエンカウンター研究』図書文化2007
花輪敏男"不登校対応チャート"「児童生徒の不登校に関する学校の取り組み方や指導援助の進め方についての研究」『山形県教育センター研究報告書』1991

方になる。だがひとたび親や教師の立場から解かれ，「子どもを責める自分こそが弱い」ということに気づいたとき，自ら胸襟を開いて子どもと対等な関係を結ぼうとするワンネス（自他一体感）が生まれる。そして「対話」が始まる。子どもを取り巻く周囲の大人（教師・保護者）たちの認識が変わると，子どもへの対応（言動・接し方）が変わっていく。徹底して子どもの味方になり，支え抜く姿勢が育つ（P40エクササイズ「不登校のミカタ」に詳述）。この不登校に対する新しい認識こそ，「ワンネス」がもたらす結果である。

変えようとするのではなく，わかろうとする

　ワンネスについて，片野（2007）は次のように説明している。ワンネスとは，①immersion（相手の世界にまず自分を投げ込み，相手の世界に浸りきる），②indwelling（相手の願望，興味，希望，恐怖，挫折感や自己像，自己概念，自己評価などを把握し，相手の全体像を理解する），③internal frame of reference（相手の内的準拠枠「＝人が何かを選択し，行動することの背景にあるその人なりの理由を理解する」※「」内は筆者注）のことである。

　藤岡完治（2000）の言葉を引けば，「授業の事象を手がかりに子どもの経験世界に棲み込み，その分析と言語化を通して『意味』を取り出し，その意味を擦り合わせることによって，自ずと生成する子どもの経験の流れに耳を傾けるということである。と同時に，それは子どもの身体に棲み込んだ教師が，一人称表現で経験世界を語るという行為でもある」。ここで藤岡の言う「棲み込む」とは，子どもと活動を共にすることによって，子どもの身体に起こっている事象（あらわれ・あらわし）に即しながら，自らの内なる枠組みに起こる自然な変容を語り，子どもの中に生成している意味を感受するという営みである（P48エクササイズ「子どもになって物語る」）。カウンセリングの技法で言えば，「ロールプレイ」や「ペーシング」と似た要素がある。

　私たち大人は，自分の置かれた立場や役割，ビリーフにとらわれて，子どもにものを言う。「いつまでもこんなことをしていては，まともな人生を送ることができなくなるぞ」「自分の手で進路をつかみたいなら，いまこんなことをしている場合ではない」「おまえのことを思うから言っているんだ」。これらは正論であるが故に，子どもには反論のしようもない。しかし，このように相手を変えようとする姿勢では，子ども理解は進まない。結局のところ，「あの子は逃げている。怠けている。そんなふうに育てた家庭や親が悪い」で，終わってしまうことになる。

　「不登校になってから，努めて自分の気持ちを表明することや主張を避けていたように見えた息子が，あのとき，いつもとは違った険しい眼差しで，強い調子で何か言おうとした。どんと机をたたいたきり，肩を震わせながら，声を上げて泣いた」。そのことの中心的な意味は何だろう。子どもに問うて答えてもらえるなら，こんなに容易なことはない。

　本章では，子どもの心情や様子をその子どもになりきって物語ってみることで，その子どもの「いま，ここ」に身を寄せてみる。まずは「自分が変わる」ことから始めるのである。

藤岡完治『関わることの意義』国土社2000

第2章 保護者・教師の「ねばならぬ」を変えるエクササイズ

不登校のミカタ
―大人が変われば子どもが変わる―

川端久詩

■ねらい
子どもの不登校をどうとらえるか，まずは保護者・教師がお互いに「見方」を新たにする。認識が変わることで，子どもへの対応が変わり，子どもにとっての「味方」になる。

■この相手・この場面
不登校対応の研修会で。コーディネーターが学級担任に。不登校発生後の初めての保護者面談で。

種類 自己理解

時間 50〜70分

リーダー 学級担任

対象 保護者

不登校の子どものとらえ方を共有する

教師：「不登校は怠けではありません 学校に対してすくんでしまう理由があるのです」

保護者：「そう言ってもらえるとすごく安心します でも、この子が弱いからじゃないかという思いもあって…」

（変化前）母：「今日も行かないの？ お母さんは頭が痛くても仕事休めないのよ あんたのは、怠け病よ」

（変化後）母：「先生から言われたよ あなたが学校に来ないのはさぼっているからじゃないって 必ず何か理由があるって 自分でもよくわからない状態なんだろうって…」

■手順
・保護者の話をていねいに心を込めて聞き，これまでの努力をねぎらう。
・ワークシートの「問題のとらえ方」を1項目ずつ読んで，感じたことを自己開示し合う。
・語り合った感想を伝え合う。
・家に帰ったら，担任からの伝言として，「問題のとらえ方」を子どもに伝えるようお願いする。
・保護者が子どもと話すためのリハーサルをする。
・宿題を確認して面談を終了する。

■ねらいとなる気づきの例
・（保護者）担任の先生にそう言ってもらえると，本当にうれしいのに，自分では子どもに対してナマケだとか，逃げていると思ってしまうことがどうしてもあるんですよ。
・（担任）どうかかわったらよいかわかって，これでいいんだなと安心しました。

■展開例　不登校のミカタ―大人が変われば子どもが変わる―

場面	リーダーの指示（●）とメンバーの反応・行動（☆）	留意点
インストラクション	**1. ねらいを説明する** ●（保護者の話をていねいに心を込めて聞いた後で）子どもを理解するために，まず私たち大人が共通認識をもちたいのです。私たちの認識が変わった途端に登校する子どももいます。「どう見てあげるか」がいちばん大切なので，しっかりと話し合いたいんです。	ここでは不登校発生直後，保護者との初めての面談場面を想定。
エクササイズ&シェアリング	**2.「問題のとらえ方」を読んで，感じたことを話し合う** ●「不登校」という言葉をつくった花輪先生が，こんなことを言っています。ちょっと読んでみましょう。 ●どうですか。こんなふうにあたたかく見守っていきたいのですが，お母さんはいちばん身近だけに，思いは複雑だと思うのです。この際そんな胸の内を語ってもらえるとありがたいのですが。 ☆担任の先生があたたかく見守ってくれて本当にうれしいのに，家での子どもの姿を見ていると，どうしてもナマケやさぼりではないかと子どもを疑ってしまうことがあって……。私もつらいんです。 ●お母さんのように誠実な方に育てられた子どもさんも同じように，さぼりやナマケなんて，そういうことは大嫌いなものですよ。お子さんは，お母さんにそっくりなんじゃありませんか。 ☆本当に，悪いところが私にそっくり。だから扱いにくいんです。 ●本当は違うのに周りから「ナマケている」と思われたら，お母さんもつらいですよね。お子さんもとてもつらいんですよ。 ☆私は言い訳が嫌いで，あの子も同じで何も言わないんだと思います。じっとがまんして，親にもわかってもらえないなんて，つらくて悔しいでしょうね。いま急に息子が不憫に感じられて，親バカなんですが，すごく親しみの気持ちがわいてきました。	●ワークシートの「問題のとらえ方」の項目を読み合わせ，それぞれを説明する。 ●担任が保護者の語りに合わせて，受容・繰り返し，支持・質問をする。 ●子どもに対して，「いま，ここ」の自分が，「本当はどんな感情を抱いているか」を語り合えるほど，「問題のとらえ方」についての認識は深まる。
宿題	**3.「問題のとらえ方」を保護者から子どもへ伝える** ●家に帰ったら，今日の話をお子さんにも伝えてほしいのです。もし，お母さん自身に納得できない部分があるとしても，「××先生がこう言っていた」と◎の部分はそのまま伝言してください。そして，お母さんの率直な感想を，そのあとに付け加えてください。 ●聞いて帰るだけと，実際にやってみるのでは効果は大違いです。私（教師）がお子さん役をしますので，練習しましょう。 ＜保護者の伝え方の例＞「××先生はこう（プリントの◎部分を子どもにあわせて翻訳）言ってくれたよ。それを聞いてお母さんとてもうれしかったよ。××先生は，とてもおまえのことをわかってくれてるんだと思った。なんてありがたいんだろうね。でも，お母さんは，どうしてもごろごろしているおまえを見ると，悪いけど『やっぱりさぼりかな』って思うときがあるんだよ。ごめんね」 ●では，ご帰宅後に，「問題のとらえ方」をお子さんに伝言してくださいね。次回の面談では，その後の様子を聞かせてくださいね。	●宿題が効果的に行われるように練習は必ず行う。 ●必要に応じて保護者も子ども役をやると，感情が発見しやすく深まる。 ●何を言われているのかわからない場合，保護者の言葉や言い回しをそのままオウム返しにして，「いま，こうおっしゃったけれど，こう言われるとどう感じますか？」と質問する。保護者は自分の思いと実際に発した言葉のズレを実感しやすい。

出典：花輪敏男「不登校対応チャート」認識の段階を元にエクササイズ化。

■エクササイズ解説

不登校の子は，学校には行けないと言いながら，昼夜が逆転していたり，ゲーム・漫画・アイドル等に夢中になったり，さまざまな行動を示す。また明日は学校へ行くと言いながら，朝になるとやはり行けないこともある。このような不可解に見える彼らの行動および状態は，保護者を不安にしている。

しかし次のように考えてみることで，彼らはそうせざるを得ない状態であり，十分に理由があることだと納得できる（花輪1991）。

- 何かにのめり込んでいないと不安になる
- 没頭するには娯楽的なものが対象となる
- 夜は日常から遮断され，本人にとっていちばん安全を感じられる時間帯である
- 家庭内暴力にも理由がある
- たとえ行けなくても，「明日は学校に行ける」と思ったことは，けっして嘘ではない

このように子どもの行動を意味あることとしてとらえられるようになると，保護者は安定してきて，それに伴って子どもも安定してくる。そのために，じっくりと時間をかけて保護者と学校が話し合い，子どもに対する新しい認識をつくることが必要である。

■実施上の留意点

(1) 結果としてうまくいくことが大切

ワークシートの「問題のとらえ方」の項目に保護者や教師が納得できない場合もある。その場合，1つ1つの内容の妥当性にこだわるよりも，このような見方に立とうとすることで，大人の立ち方やあり方（対応）が変わり，子どもが「この人は味方だ」と感じるようになることを目的として伝えたい。

不登校は始まったばかりでも，それまでに子どもは苦労を重ねてきて臨界点（変化が起こる境目）に達してしまっている。正論や現実原則はいったん横に置いて，「つらかっただろうね。むしろここまでよく1人でやってきたものだ」と，そう言葉で伝えてあげると，子どもは理解してもらえてうれしいと感じる。この親の子どもでよかったと思う。

(2) ロールプレイは必ず行う

家へ帰ってからの子どもへの伝え方を練習しないと，「先生からよい話を聞けてよかったけれど，実際にはやらなかった」「教えられたとおりやったけれど，効果がなかった」ということがある。また保護者は子どもに自分の思いをしっかり述べているつもりでも，聞く側の子どもには伝わっていないことが多い。そのため面接の中で，練習（リハーサル）を行うことが必要である。教師からのフィードバックを受けて，肝心なことが話し合えていなかったという気づきが起こることで，練習する度に保護者の表現力が的確で豊かになる。家庭で，夫婦が練習をすることもたいへん効果的である。

実践例（エクササイズ後の母親の感想）

この子の父親は，毎朝「いつまでこんなことを続けるつもりなんだ！　何日休んだら気が済むんだ！　学校に行かないヤツを養う余裕はない！　出て行け！」という調子だったので，夫も一緒に面談に参加して先生とお話をしました。それからは，とにかく2人で先生からの伝言を伝えるための練習をしました。

夫婦で話し合うことが増え，同じ見方に立てたことが本当によかったと思います。子どもも落ち着いてきました。朝のごたごたもなくなり，少しずつ起きる時間も早くなり，遅れても学校に行ける日も出てきました。

不登校のミカタ
―大人が変われば子どもが変わる―

花輪敏男「不登校対応チャート」認識の段階より

<インストラクション>
不登校という問題を,「困ったこと・悪いこと」という見方から,
子どもにとって「必要なこと・大事なこと」というように,見方に変えていきましょう。

<エクササイズ&シェアリング>
1 不登校に対する考え方を,1つ1つ読み合わせしながら,確認しましょう。

問題のとらえ方　　　　　　　　　　　　　　　花輪敏男「不登校対応チャート」認識の段階
　　　　　　　　　　　　　　　　　　　　　　　　　　　ア-1からア-12を一部改変

◎子どもは登校を拒否しているのではない。
◎不登校は病気(いわゆる精神病)ではない(ただし医療機関が必要と感じる場合は別)。
◎子どもが「怠けている」「弱い」「逃げている」のでもない。
○「いじめなど具体的な障害があって登校できない」ということではない場合が多い。
○不登校は,学校に対して特別な「すくみ反応」を起こしている神経症的な問題であろう。
○学校に行けない根底には,「不安」の存在があるのではないか。
◎不登校は成長発達の上の問題と考えねばならない。
◎現在は心理的な「脱皮」の作業をしていると言えよう。
◎学校に行かないことで,何もしていないように見えるが,重要なことを行っている。
◎本人にとっては必要な時期である。
○たとえ親であっても,代わってやることは不可能である。
○過去の養育態度について,保護者が必要以上に自分を責めてはいけない。

---

2 「問題のとらえ方」を読んで,自分の立場から,感じたこと・気づいたことを話し合いましょう。

<宿題>
1 帰宅後,「問題のとらえ方」をお子さん本人にも伝えてください。
　　そのための練習(リハーサル)をします。
　《注意点》
　・「担任の先生はこう言っていた」と,◎の部分を,子どもさんにわかりやすい言い方で伝えてください。
　・お父さんお母さんの考えとぴったりしていない場合も,◎の内容は必ずそのまま伝言として伝えてください。そのうえで,それに対するお父さんお母さんの率直な感想を付け加えてください。
　・子どもさんへの言い方を,ご夫婦で練習してから伝えると,より効果が高まります。

2 宿題を確認します。「問題のとらえ方」をお子さんに伝え,
　　そのときの反応を,次回面談で伝えてください。

第2章 保護者・教師の「ねばならぬ」を変えるエクササイズ

リフレーミング

吉田隆江

■ねらい
リフレーミングとは，ものごとの見方の枠組みを変えること。「不登校を起こしていることが，その子にとって意味がある」と考え，不登校を起こしている子どもへの柔軟なかかわりを探る一助とする。

■この相手・この場面
不登校の子どもを抱える保護者・教師へ，初期対応のときに。保護者会で。

種類
自己理解

時間
40分

リーダー
学級担任
相談担当

対象
保護者

私の子どもは…
・不登校で困る
・気が小さい
・友達がいない
・がまんできない

もうだめだ
どうしたらいいの

→ リフレーミング →

私の子どもは…
・自分らしさを取り戻している
・慎重に考える
・一人でも行動できる
・好奇心が強い

悪いことばかり考えていたわ
少しホッとした
なるようになるわ

■手順
・「リフレーミング」とは何かを簡潔に説明する。
・練習シートでイメージを具体化する。
・現在の子どもに対する見方を出し合う。
・リフレーミングする。
・感じたこと，気づいたことを語り合う。
・リフレーミングをして感じたことを，子どもに伝えるときの言い方をリハーサル（ロールプレイ）する。

■ねらいとなる気づきの例
・（保護者）ふだん思っていたことも，違った角度から見てみると，本当に気持ちが楽になるのですね。子どものことが，なんだかよい子どものように見えてきた気がします。
・（担任）同じ子どもでも，見方を変えると，気持ちが楽になるものですね。

■展開例　リフレーミング

場面	リーダーの指示（●）とメンバーの反応・行動（☆）	留意点
インストラクション	**1. ねらいを説明する** ●お忙しいところ来てくださって，私はとてもうれしいです。今日はお子さんの見方が新しいものになるために考え合いたいと思います。 ●今日のテーマは「リフレーミング」です。「フレーム」というのは枠のことですよね。「リ」は「やり直す」ということです。ですから，「リ＋フレーミング」は枠組みを新たに変えるということなんです。ここにあるコップは，横から見るのと上から見るのとでは，見え方が違いますよね。私も自分のことを「のろま」だと思っていたのですが，「じっくりていねいにやるタイプ」という言い方，つまり見方を変えてみると，気持ちが変わってくるんです。今日はお子さんの見方を変えてみましょう。	ここでは不登校発生直後，保護者との初期の面談場面を想定。 ●保護者への好意の気持ちを積極的に伝える。 ●「コップ」などの具体的な物を使って説明すると感覚的にわかりやすい。
エクササイズ	**2. リフレーミングとは何かを体験する** ●感じをつかむために，ワークシートの例題をやってみてください。 ●どんなふうにリフレーミングをしてみましたか。 **3. 子どものことをどう思っているか，シートに書き出す** ●「私の子どもは」に続けて，思い浮かぶことを1に書いてください。 ●書き出したものを見て，感じたこと，気づいたことは何でしょうか。 **4. リフレーミングする** ●1に書き出したものの中で，お母さん（お父さん）が，違った言い方にしたいものに○をつけてください。それを一緒に2にリフレーミングしていきましょう。 〔例〕私の子どもは気が小さい→私の子どもは慎重に考える 　　　私の子どもは友達がいない→私の子どもは一人でも行動できる 　　　私の子どもはがまんができない→私の子どもは好奇心が強い	●非難したり批判したりせずに，じっくり聞く。子どもをどう見ているのか，親自身が気づくことが大事だからである。 ●一緒に力を合わせて考え合う気持ちで取り組むとよい。
シェアリング	**5. 感じたこと気づいたことを語り合う** ●リフレーミングをしてみて，いかがでしたか？　やってみて感じたこと，気づいたことをお話してくださるとうれしいのですが。 ●私はお母さんのお話を聞いて，少し見方が変化するかもしれないと思い，楽しみになりましたよ。子ども自身が変わるのは，時間を要することですが，親の見方が変わることで，子どもの心が楽になって，考え方や行動に変化があることもあるんです。私もていねいさが私のいいところだと思えるようになって，自分がだめだと思うことが少なくなったんですよ。	●保護者の感じ方をわかろうとして聞く。また来ようという気持ちがわく。 ●保護者の話にじっくり耳を傾ける（傾聴）。話したことを「……ということですね」（繰り返し・要約）と返し，相互の見方・考え方をわかり合う。
宿題	**6. リフレーミングで感じたことを保護者が子どもに伝える** ●今日の体験をお母さんの言葉で，お子さんに伝えていただけるとうれしいですね。今日お子さんは，お母さんが先生とどんな話をしているのか気になっているはずですから，伝えたほうが安心します。私が子どもだと思って言ってください。 （シェアリングと激励で終了。次回面接の予約をする）	●うまくできることにこしたことはないが，伝えようとする勇気をたたえる。 ●「私はね……」などアイメッセージで伝える。

出典：「みんなでリフレーミング」『構成的グループエンカウンター事典』

■エクササイズ解説

「見方の枠組みを変えること」が，このエクササイズのねらいである。子どもが不登校になってしまうと，保護者も教師も困惑するのは当然のことである。私たちはだれもが，問題を抱えたときは自分だけの見方になって，視野が狭くなる。それを角度を変えて，新たな見方にしていくのが，リフレーミングのめざすところである。

最も基本になるのは「不登校は困ったこと」という見方から「子どもの発達上の大事な時間」という見方になることであろう。私はよく「よかったですね。お子さんは自ら休むことで自分の気持ちを伝えられたのですから」「自分が自分であるための心の葛藤が始まったということなのですよ」などと，保護者や担任に語りかける。そのとき保護者（たいていは母親になるが）は，「え？」とびっくりし，その後にほっとした表情になる。

起こったことに対する新たな見方を見出すことで，不登校という問題を，「子どもにとって意味のあるつまずき・成長の始まり」ととらえることができるのが，このエクササイズの意味である。

■実施上の留意点

(1)感情を受け止めることから

相談に来るときには，みな，自分の思いをいっぱいにしてやってくる。まずは「傾聴」することである。お母さんが思いのたけを十分に出せるように「聴く」ことを大事にしたい。そして，その感情を汲み取って，言語化して返してあげることが大事なことである。「ほんとに心配ですよね」「苦しいんですね」「学校に行かない子どもと毎日一緒にいるとイライラしてしまうんですね」と。

(2)具体的な例を用いて

気持ちを受け止めてもらえると，少しだけ相手の言葉が入ってくるようになる。そこで「リフレーミング」である。コップやノートなど，身近にある物を使って，その見え方の違いを具体的に示してあげるとよい。頭の中で考えるより，視覚に訴えることでよりわかりやすくなる。

(3)自己開示的なかかわりを

「私はのろまです」などと教師が自分の体験を出して，そのリフレーミングを保護者と一緒に行う。例えば，「何事にも慎重です」「ていねいにじっくり取り組みます」「大器晩成型です」などのように新しい見方をあげていく。その後，子どもについて考える時間にすると，保護者の防衛が軽減される。

実践例（リフレーミングの例）

①不登校になったことを「意味ある時間になる」とリフレーミングして，焦りが軽減した。

②学校に行けないのではなく，「学校に行く意味を模索しているのだ」とリフレーミング。一緒に子どもと考えてみると，考えが変化した。

③「気が弱い子ども」という見方を，「人の思いを汲み取ることに神経を使っている子ども」とリフレーミング。子どもの気持ちがわかる気がすると涙ぐむ母親がいた。

④「親にたてついてくる困った子ども」と言う母親。「親だから言えるんですよ」とリフレーミング。「自分を出してきている，ということなのですね」と母親自身のリフレーミングがあって，気持ちが楽になったようだった。

リフレーミング

<インストラクション>

　リフレーミングとは「見方の枠組みを変える」ということです。私たちは，ものごとを一方向から見ていることが多いのです。
　例えば，コップを横から見たときと，上から見たときでは，その見え方が違いますね。半分入ったビンを「半分しか入っていない」という人もいれば「半分も入っている」という人もいます。
　ちょっと見方や言い方を変えてみると，見えてくる世界や感じ方が違ってくるものです。お子さんのことをリフレーミングすることで，前に進んでいくためのシートです。一緒にやってみましょう。

<エクササイズ>

例題　リフレーミングを試してみましょう。　〔例〕いいかげん ── おおらか，気が小さい ── 慎重

　　　消極的 ──　　　　　　　　　　　せっかちな ──
　　　がまんができない ──　　　　　　口べたな ──

1. 「私の子どもは」に続けて，思いつくことを書いてみましょう。
　　○私の子どもは　　　　　　　　　○私の子どもは
　　○私の子どもは　　　　　　　　　○私の子どもは
　　○私の子どもは　　　　　　　　　○私の子どもは

2. リフレーミングしてみたいものにマークしましょう。そして，それをリフレーミングします。
　　わからなかったら一緒に考えますよ。遠慮なく言ってください。
　　●
　　●
　　●

<シェアリング>

やってみて「感じたこと，気づいたこと」をまとめてください。語り合うためのものです。

第2章 保護者・教師の「ねばならぬ」を変えるエクササイズ

子どもになって物語る

山下みどり

■ねらい
子どものよき理解者になれるように、保護者や教師が子どもとワンネスの世界を築く。子どもの行動の意味を、子どもの身になって語ってみることで、理解しにくかった子どもの世界が見えてくる。

■この相手・この場面
子どもが不登校になり始めたときの保護者面談で。

種類
他者理解

時間
30〜50分

リーダー
学級担任

対象
保護者

子どもの立場になって行動の意味を考える

教師：お子さんの行動の意味を一緒に考えてみましょう

保護者：もしかしたら私と話すのがいやでヘッドフォンをしてるのかも…

（母）毎日音楽ばかり聞いて！これじゃあ高校だって受験だってどうするのよちょっと！きいてるの！？

→

（母）今日、学校で先生と話してきたの 私が進路の話ばかりするからあなたは耳をふさぎたくなるんだって気づいたんだ〜

■手順
・最近の子どもの様子を語り合う。
・そのときの子どもの行動の意味を、教師と保護者が共に、子どもになって物語る。
・感じたこと、気づいたことを語り合う。
・子どもの身になって考えた行動の意味と、そこで保護者が感じたこと・気づいたことを、家で子どもに伝えてもらう。

■ねらいとなる気づきの例
・(保護者) 子どもがしていることは、ただの怠けにしか見えていなかった。こんな意味があったとはぜんぜん気づかなかった……。
・(保護者) 先生と一緒に子どもの行動について考えることができてうれしかった。きちんと子どもの行動についてお話できる機会をつくっていただいてありがたかったです。
・(教師) 子どもさんの家庭での様子がよくわかりました。

■展開例　子どもになって物語る

場面	リーダーの指示（●）とメンバーの反応・行動（☆）	留意点
インストラクション	1. ねらいを説明する ☆学校には行けないのに，家ではゲームやマンガばかり……。そんな子どもの様子を見ると，「本当は，ただ怠けているだけではないのか」という気持ちになってしまうんです。 ●それは親御さんの自然なお気持ちだと思います。今日は，子どもさんの行動について，お母さん（お父さん）と私が，子どもさんの身になって，一緒に考えてみませんか。	ここでは不登校発生直後，保護者との初期の面談場面を想定。 ●共に考えようとする姿勢を示す。責めるために保護者を呼んだのではないことを明確にする。
エクササイズ	2. 子どもの様子について話し合う ●私の子どもも，一時期，学校に行けないときがありました。学校には行かないくせに，家ではゲームなどをして過ごしていたようです。私には遊んでいるばかりに見えて……。その姿を見るたびに，ついつい「学校に行かないでゲームしてていいねぇ〜。私は仕事に行ってるのに」と皮肉や嫌みを言ったりして……。お母さんは，いかがですか？ ☆うちも同じ感じです。「遊んでいるくらいなら学校へ行けるんじゃないの！」とか「ただのわがままじゃないの」とかついつい口に出してしまいます……。昼間は元気なさそうにゴロゴロしているのに，夕方になると元気になったりするので，仮病じゃないかとか思ったりします……。 3. 行動の意味を子どもの身になって語る ●つらいことをお話しくださってありがとうございます。一緒に子どもさんの気持ちになって，そのときの行動の意味を考えてみませんか？　友達は学校に行っているのに自分だけが家にいる。そのときの子どもさんはどんな気持ちなのでしょうか。 ☆何もすることがないから……。だからゲームするのかもしれません。昼間は，だれかが訪ねてくると，「どうして家にいるの？」とか「学校行ってないの？」とか聞かれるから，家にいる姿を見られるのがいやなのかも……。そういえば，学校がある時間帯は外に出たがらないです。土日は昼間でも大丈夫なのに……。	●担任が自分の経験を踏まえて自己開示していく。その後，保護者の話を促していく。 ●保護者の気持ちに寄り添い，話にじっくり耳を傾ける。 ●保護者のつらさやもどかしさを受容・共感しつつ，大変さをねぎらう。 ●子どもの立場になって考えていく。思いつかない場合は，子どものセリフで答えてもらうとよい。
シェアリング	4. 感じたこと気づいたことを語り合う ●ここまでお話ししてきて，感じたこと，気づいたことを出し合いたいのですが……。 ☆子どもも子どもなりに苦しい思いをしているのだと気づきました。私たちだけが苦しいのだと思っていました。	●どんな小さなことでも大切に耳を傾ける。
宿題	5. 保護者が感じた行動の意味を子どもに伝える ●家に帰ったら，先生と今日はこんなことをしたよ，お母さんはこんなふうに感じたよということを，お子さんにそのまま伝えてほしいのです。では，ちょっと言い方を練習してみましょうか。私を子どもさんと思って言ってみてください。	●保護者を通して子どもと話してもらうことで，「子ども－保護者－学校」の三者の絆をつくる。

■エクササイズ解説

不登校の子どもたちは，ゲームやアニメ，インターネットなどに夢中になり，昼夜逆転の生活をしたり，家に閉じこもりきりになったりする場合がある。また，前日の夜は学校の準備をしているのに，朝になったら行けなくなったりする。このような子どもの様子に対して，「本当は学校に行けるのではないか」「ただの甘えではないのか」と，保護者はイライラ感をつのらせがちである。

しかし，子どもの立場に立って，「すべての行動には意味がある」「そうせざるを得ない状況である」という点からスタートしたほうが問題の理解につながる。

相手との一体感，相手の世界を相手の目で一緒に見るという接し方を「ワンネス（oneness）」という（國分康孝監修『現代カウンセリング事典』金子書房）。子どもの身になりきることである。子どもの気持ちになって考えることで，不登校の子どもの不可解に見える行動の意味が理解できてくる。

ワンネスは，すべての人間関係の基盤である。保護者と担任が，じっくりと時間をかけて子どもを理解しようとする姿勢をもつことが大切である。

■実施上の留意点

(1) ゲームは不安の裏返し

不登校の子どもがゲームなどにのめり込むのは，「何かをしていないと不安」だからである。子ども自身も，いまのままでよいとはけっして思っていない。しかし，じっとしていればいろいろなことを考えなくてはならない。何かにのめり込んでいると，そのときだけでも不安を打ち消すことができる。

だから，のめり込むものは娯楽的なものになる。大人であれば，アルコールなどに依存するのと同じである。

(2) わかろうとする姿勢が，子どもを変える

子どもの身になって行動の意味を考えてみても，保護者がなかなか納得できない場合もある。その場合でも，保護者が子どもに対して「まだ完全には理解できていないところもあるけれど，あなたのことを何とか理解しようとしている，歩み寄ろうとしている」と伝えることが大切である。不登校の子が，「お母さんは味方だ」と感じることをめざす。

(3) 子どもへの伝え方は必ず練習する

自分ではきちんと伝えているつもりでも，保護者の意図が子どもに伝わっていないことは多い。教師との面談で，子どもへの伝え方まで練習しておくことが大切である。伝え方に対するフィードバックを教師からもらい，言い直していくことで，的確に伝わる表現ができるようになってくる。

実践例（エクササイズ後の母親の感想）

うちの子は，いつでもヘッドフォンしてパソコンのゲームばかり……。私の話も聞いてるのだか……。もうどうしていいのかわかりませんでした。今日，先生と，子どもの身になって考えることができてよかったです。ヘッドフォンを外さないのは，私がガミガミ学校のことを言うからですね，きっと。受験やテストなど，聞きたくない学校の話しかしていませんでした。

子どもになって物語る

花輪敏男「不登校対応チャート」認識の段階より

<インストラクション>
　不登校の子どもの行動は，保護者や教師から見ると，理解しがたいものが多々あります。そんな不可解な行動も，子どもの立場になってみると，そこから見えてくるものがあります。子どもの行動の意味を，子どもになったつもりで物語ってみましょう。
　行動の意味がわかると，焦りや不安が減って，余裕をもって子どもに向かい合うことができるようになってきます。そして，わかってもらえたと感じた子どもたちは，変化していきます。

子どもの行動には意味がある	○不登校の子どもは，そうせざるを得ない状態である ○何かにのめり込んでいないと不安になる ○のめり込むものは，娯楽的なものが対象になる ○夜は本人にとっていちばん安全な時間帯である ○家庭内暴力にも理由がある ○「明日は行ける」と思ったことは，けっして嘘ではない

花輪敏男「不登校対応チャート」認識の段階，ウ-1からウ-6

<エクササイズ>
1. 子どもの様子について話しましょう。
　【例】担任　「家での様子はいかがですか？」　保護者「うちでは寝てばかりいます」
2. 子どもの立場に立って行動の意味を一緒に考えましょう。
　【例】担任　「どうして寝てばかりなのでしょうね。一緒に子どもさんの気持ちになってみませんか？」
　　　　　　　「お母さんはどう思われます？」
　　　　保護者「きっと，よけいなことを考えたくないのかも」

<シェアリング>
「感じたこと，気づいたこと」をシェアリングしましょう。

<宿題>
家に帰ったら，今日面談で感じたこと気づいたことを，子どもさんに伝えてください。では，2人でリハーサルをしてみましょう。
　【例】①担任　「私が子どもになります。私を子どもさんと思って，今日のことを話してください」
　　　　②保護者「今日学校で先生とあなたのことを話してきたよ。あなたがいつもヘッドフォンをしているのは，お母さんが進路のことばかり言っているからなのかな」
　　　　③担任　「なんだか少し責められているように感じます」　※担任は率直に伝える。
　　　　　　　　「こんな言い方だとどうでしょう。『私が進路の話ばかりするから，耳をふさぎたくなるんだなぁって気づいたんだ〜』」

第3章

子どもへの接し方に介入するエクササイズ

第3章 子どもへの接し方に介入するエクササイズ

子どもへの接し方に介入する段階とは

山下みどり

　教師や保護者が、不登校の子どもを「この子は弱い」「逃げている」「さぼりだ」という見方をすることから脱却できたら、次は、子ども本人に対する援助・指導と、その家族に対する援助・指導が並行してなされる段階になる（花輪1991）。不登校の子といちばん長い時間を過ごすのは、その家族である。そこで、不登校の子どもに対する家族の対応が大切になってくる。家庭と学校が連携して、共に考えながら、子どもに臨むことが必要である。

家族へのアドバイス

(1) 感情をキャッチすることに全精力を傾ける

　例えば、「お母さん、僕ってだめな子なの?」と言われたときにも、返し方はいろいろある。「そんなことないよ。いいところもいっぱいあるよ」「だめな子って思っているんだ」「そんな気分になるときもあるよね。お母さんもあるよ」「どうしてそんなふうに思ったの」「お母さんは太郎（子どもの名前）が大好きだよ」などなど。

　返したことばに、子どもがまた返してくることもあれば、黙り込むこともあるが、子どもの話を最後まで聴き、お母さんのことばで返すことが大事である。会話の表面のことばにとらわれずに、その中にある子どもの感情をつかむことを大切にする。子どもが「お母さんに話してよかった」「自分の気持ちがわかってもらえた」と感じられることが大切になる。

(2) 子どもの自主性を育てていく

　不登校の子どもたちの多くは、周囲に気をつかい、自分の意見を言うことが苦手だったり、自分で決めることが苦手だったりする。そこで、日常生活の中でも、自分で考え、自分で選択・決定し、自分で行動できる機会を増やすようにしていく。このとき、子ども本人が「自分で決めた」ということを意識できるように仕向けていくことが大切である。

親：「いまから買い物に行くけど一緒に行く?」「買い物している間は、本屋さんで待っててもいいよ。それとも何かしたいことある?」

子：「一緒に買い物するよ」「行かない」「おやつを買いたいから、初めは一緒に買い物するけど、あとは本屋にいてもいい?」……など。

　初めは、親がいくつかの情報を提供し、その中（子どもが提案するものも含む）から子ども

花輪敏男 "不登校対応チャート"「児童生徒の不登校に関する学校の取り組みや指導援助の進め方についての研究」『山形県教育センター研究報告書』1991

が自分で考え，自分で判断し，自分で決めることを繰り返していく。小さなことでも自分で決めて，それに責任をもつ体験をする機会をたくさんもつことが大事である。周りの意見に服従するのではなく，自分で選択・決定していくことの積み重ねが，自分を打ち出していくための基盤になる。

(3)家庭の中でなにか1つでいいから役割をもたせる

「僕はこの家で必要とされている・役に立っている」という気持ちをもてるようにする。そのためには，その子に合った役割をもたせる。例えば，お茶碗を運ぶ，玄関をほうきで掃く，夕食後の食器を洗う，お米をとぐ，洗濯ものを干す・たたむ，食事の支度を手伝う，お風呂掃除をする，居間の片づけをするなど。

できるだけ，家族のために貢献したと感じられる仕事が望ましい。家族の「ありがとう」は，子どもにとって，何よりもうれしいものである。

教師へのアドバイス

教師へのアドバイスも，基本的に家族へのアドバイスと同じである。

(1)感情をキャッチすることに全精力を傾ける

「話してよかった」「先生にわかってもらえている」と，子どもが感じられるようにする。

(2)子どもの自主性を育てていく

「1時間だけ登校する」など，どうするかを本人に選択させる機会を増やす。

(3)学級の中で，なにか1つでいいから役割をもたせる

子どもが「自分も学級に貢献している」と感じられるようにする。

エクササイズの活用

本章で後述する家庭訪問の予行練習のエクササイズ（P56）は，教師と子どもとのリレーション（信頼関係）づくりに焦点をあてたものである。教師に会う会わないは，子どもの選択・決定にまかされており，学校のことをもちださないので，子どもが自分のことをわかってもらえていると感じられる。アイメッセージのエクササイズ（P64）は，子どもの感情をつかみ，お母さん（教師）のことばで返す練習になる。アイメッセージは，相手を責めないで自分の気持ちを伝える言い方である。

それぞれのエクササイズは実施前に自分でも体験して，介入のポイントをつかんでほしい。そして，リーダーとして実際に使ってみて，自分なりのことばにしていってほしい。初めはぎこちなく感じるかもしれないが，何度も繰り返しているうちに自分のものになってくる。

第3章　子どもへの接し方に介入するエクササイズ

家庭訪問の予行練習
―リレーションづくりの第一歩―

山下みどり

■ねらい
教師が子ども・保護者と信頼関係（リレーション）をきずくための第一歩として、家庭訪問の予行練習をする。家庭訪問のときに子どもに起こる感情に気づき、教師の口調や言い方が相手へ与える印象について知る。

■この相手・この場面
初めての家庭訪問の前に、学級担任と一緒に。不登校対応の研修会で。

種類	自己理解 他者理解
時間	20分
リーダー	相談担当
対象	教師

1. 家庭訪問のねらいを確認する

リレーションづくりの第一歩
・欲ばらない
・感情をつかむ
・受け止めたことはきちんと言葉で返す
・自分の気持ちをきちんとつかむ

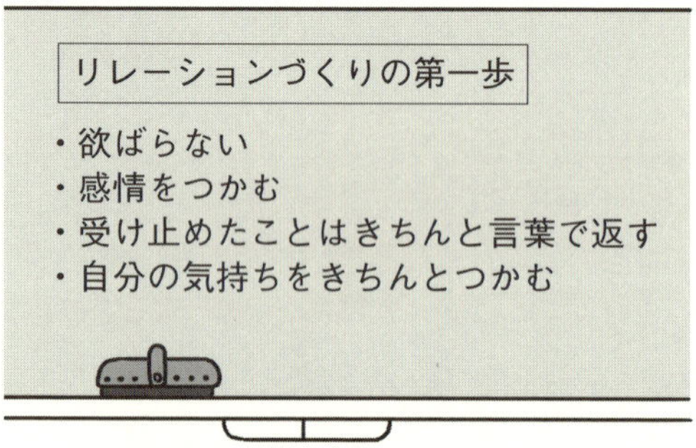

2. ロールプレイをする

（担任役）
「たけるくん、久しぶり元気な顔を見られてよかった　今は何をしていたのかな？　今日は学級通信を届けに来たよ」

3. 子ども役の教師からフィードバックを受ける

（子ども役）
「ちょっと早口なのが先生忙しいのかなと感じられました」

4. 感じたこと、気づいたことを話す

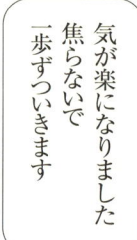

「気が楽になりました　焦らないで一歩ずついきます」

■手順
・家庭訪問のねらいを確認する。
・リーダーが家庭訪問のモデルを演じて見せる。
・担任が、リーダーを相手に、演じてみる。
・リーダーが、子どもになったつもりで、感じたことをフィードバックする。
・気づいた点を修正して、再度、担任が演じる。
・感じたことを自由に語り合う。

■ねらいとなる気づきの例
・（教師）「せっかく会えたのだから……」と思って、子どもに、ついいろいろ聞きたくなったり、話したくなったりして、欲ばりすぎてしまうことに気づきました。
・（教師）「忙しいなか、その子のためにわざわざ行ったのに……」という気持ちが、どうしても浮かんでしまうことに気づきました。

■展開例　家庭訪問の予行練習—リレーションづくりの第一歩—

場面	リーダーの指示（●）とメンバーの反応・行動（☆）	留意点
インストラクション	1．ねらいを説明する ☆今度，○○さんの家庭訪問に行こうと思います。ただ，お母さんの話では，学校の話題になると，すぐに黙り込んでしまうらしいです。また行ったところで，実のある話ができるかわからないし，会話が続かなかったら……ということも気になっています。 ●焦らずにいきましょう。予行練習をしておくと，いろいろな場合にも，心に余裕がもてると思います。	ここでは教育相談などの専門知識をもった教師と学級担任が行う場面を想定。
インストラクション	2．デモンストレーションをする ●電話で約束するところから始めましょう。 ●まず私がやりますね。「○○さんですか。担任の山下です。体調はどうですか？　○○さんの顔をしばらく見ていないので，会ってお話できないかと思って。おうちに行ってもいいかな？　そんなに長い時間ではなく，長くても10分くらい。ちょっと○○さんとお話できればいいんだ。都合のいい曜日や時間はいつかな？」 ●次に家庭訪問の場面をやってみます。「○○さん，こんにちは。今日は会えてうれしいよ。久しぶりだね。何してたの？」「ゲームしてたんだ〜。どんなゲーム？　むずかしいの？」「そっか，学校のことも気になっているんだね。これ，行事予定のプリント。渡しておくね。何かあったらいつでも電話してきてね」「今日はありがとう，また来るね」 ●家庭訪問のポイントを確認します。①家庭訪問してよいか，子どもに確認をとる。②訪問の日時をはっきりと伝える。③最初は，できるだけ短い時間で終える。④約束の当日，子どもが会いたがらないときは，けっして無理強いしない。⑤登校を誘ったりせずに，子どもの趣味などたわいない話をして関係づくりに努める。	●リーダー（専門教師）は，恥ずかしがらずに見本を示す。 ●直接会えない場合，「声だけでも聞けてよかった」と気持ちを伝える。 ●登校の話は，本人から出た場合に話題にする。 ●保護者とも会えたら，学校と家庭で連携して考えていくことを伝える。
エクササイズ	3．課題を行う ●今度は，家庭訪問に行ったつもりで，××先生（担任）がやってみてください。私は○○さんになったつもりで応じます。 ●私がいま，○○さん役として感じたことをお伝えしますね。まず，「どうして学校に来れないの？」「少しでも学校に来てほしい」などと言われなかったので，安心しました。でも，先生はなんだか早口で急いでいるようだったので，「無理してここに来てるのかな？」と思いました。また，「会えてうれしい」と言ってくれたので，自分もうれしくなりました。 ●気づいた点をふまえて，もう一度，やってみましょう。	●担任の言葉をそのまま「いま……と言われましたが，こう言われるとどう感じますか」と返すと，担任は自分の言い方のくせなどに気づきやすい。
シェアリング	4．感じたこと気づいたことを語り合う ●いま感じていること，気づいたことを自由にお話しください。 ☆これまでは子どもから情報を聞き出すことに必死でした。これからは，1対1の関係づくりを大切にしたいと思います。	

参考：花輪敏男「不登校対応チャート」援助・指導の段階

■エクササイズ解説

家庭訪問は，不登校の子どもにとっては，「自分を守ってくれている囲いの中に相手が入り込んでくる」感じがするものである。

子どもとの信頼関係を損なわないために，家庭訪問は必ずアポイントをとり，順を追って進めることが大切である。

最初の訪問は短い時間で終える。子どものタイプにもよるが，10分くらいが適当である。

会うことができた場合も，いきなり登校を誘うことはせずに，まずはたわいない話でいいので，信頼関係づくりに徹する。

「この先生は信頼できる」と，子どもに感じてもらうことが第一歩である。

■実施上の留意点

(1)家庭訪問の目的は関係づくり

家庭訪問は，子どもや保護者に誠意を示し，信頼関係を結ぶために行うものである。けっして指導や説得のためではないことを肝に銘じておく。

大切なのは，子どもに，「学校はあなたのことを忘れていないよ」というメッセージを伝えることである。行事予定などのプリントなどを持参し，学校の情報を遺漏なく伝えることでも，メッセージは伝わる。

先生が来るのを子どもが楽しみにしだすと，成功の第一歩である。

保護者にも，「学校と家庭が連携して，一緒に子どもさんのことを考えていきましょう」という姿勢を伝える。

(2)会うことを拒否された場合

アポイントをとる時点で，子どもから「家庭訪問はだめ」と言われたら慎むべきである。それで学校や教師のことを拒絶されたような気持ちになるなら，それは教師側の不安の問題であって，子どものせいではない。

「会う」と言っていたのに，当日になって子どもが会いたがらない場合は，無理強いをせずに，保護者とだけ話して帰ったり，本人とドア越しに話したりするくらいにしておく。

(3)家庭訪問の頻度

「けっして無理強いはしない。けれど，先生はあなたのことをクラスの一員として大切に思っている」ことを行動で伝えるために，短時間でよいので，たびたび訪問する。

訪問が定期的だと事務的な感じを与えるので，不定期に訪問したほうがよい。

(4)親が不在だった場合

「先生が来たことを，お母さんにも伝えてもらえるかな。お父さん，お母さんにも，よろしくと伝えてね」と子どもにお願いしておく。

保護者に伝わったかどうかで，親子のコミュニケーションのあり方を察することもできる。

実践例（家庭訪問後の保護者の感想）

先生がまめに足を運んでくださり，子どもと話そうとしてくださったり学校のことを伝えてくださったりすると，うちの子が忘れられていないとわかり，安心しました。

家庭訪問の予行練習
―リレーションづくりのための第一歩―

<インストラクション>

「この先生は信頼できる」と感じてもらうために，家庭訪問の予行練習をしましょう。

> ＊家庭訪問ではリレーション（信頼関係）づくりに徹する！
> 　　　☆欲ばらない！
> 　　　☆感情をつかむ！
> 　　　☆受け止めたことはきちんと言葉で返す！
> 　　　☆自分の気持ちもきちんとつかむ！
> 　　　　　　　　　　　　花輪敏男「不登校対応チャート」援助・指導の段階，ア-1より

<エクササイズ>

1. 子どもとの会話をロールプレイしましょう

    ○電話で了解を取る

    ＊訪問の日時をきちんと確認しましたか

    ○家庭訪問する

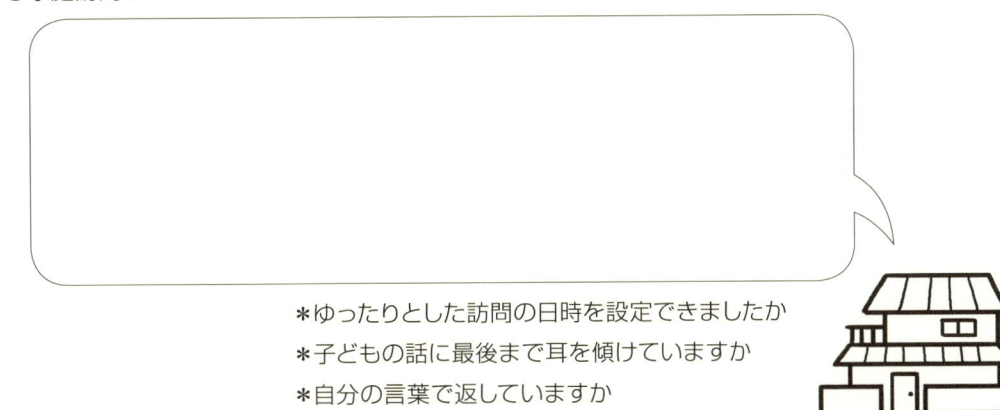

    ＊ゆったりとした訪問の日時を設定できましたか
    ＊子どもの話に最後まで耳を傾けていますか
    ＊自分の言葉で返していますか

2. 子ども役の教師からフィードバックをもらいましょう
3. もう一度練習しましょう

<シェアリング>

「感じたこと，気づいたこと」をシェアリングしましょう

第3章　子どもへの接し方に介入するエクササイズ

ねぎらいのイエスセット
— 「本当は……なんだよね」 —

川端久詩

■ねらい
口をつぐまざるを得ない不登校の子どもの思いを，教師や保護者が補助自我となって語り，十分に過去をねぎらうことで，これからの関係を築くための新たな契約（作業同盟）を結ぶ。

■この相手・この場面
子どもの心が読めなくて不安なときに。保護者との個別面談で。

種類
自己理解
他者理解

時間
50分

リーダー
学級担任

対象
保護者

子どもとの新しい関係をスタートする

教師：「本当は……なんだね」という言葉をかけられてみてどう感じましたか？

保護者：わかってもらえる感じがしてうれしかったです　子どもも本当はつらいんですね

（母）学校に行かないで何考えてるの？　話さないとわからないでしょう

（子）…

→

本当はずっと二人でがんばってたんだね　お母さん，何もわかろうとしないでずいぶんつらいこと言ってしまったね　お母さんはずっと味方だからね

■手順
・「ねぎらい」と「イエスセット」の意味を簡単に説明する。
・担任（保護者役）がイエスセットを行い，保護者（子ども役）は感じたことを話す。
・保護者がイエスセットを行い，担任（子ども役）が感想を伝える。
・感じたこと，気づいたことを語り合う。
・家庭で子どもへイエスセットを行うよう指示する。その後も定期的な面談で，子どもの変化の報告を聞きながら，イエスセットを継続できているか聞き，多用できるよう励ます。

■ねらいとなる気づきの例
・（保護者）これまで，いろいろと子どもを問い詰めて，「うるせえ，うぜえ！」と返されていました。先生とイエスセットの練習でうなずきを繰り返すうちに，「わかってもらえるってうれしいなあ」と思い，私自身が，自然と自分から気持ちを話したくなっていることに気がつきました。

■展開例　ねぎらいのイエスセット―「本当は……なんだよね」―

場面	リーダーの指示（●）とメンバーの反応・行動（☆）	留意点
インストラクション	**1. ねらいを説明する** ☆不登校のことを何か聞くと，途端に子どもが口をつぐんでしまい，肝心な話ができないんです。もうどうしたらいいのか……。 ●子どもがつらいとき，親は力になってやりたいですね。でも，なかなかつらい気持ちを親に話してはくれませんね。肝心なことこそ，話しにくいんですね。 ●子どもが返事をしない，自分の気持ちを口にすることができないときに，「イエスセット」を使います。イエスセットは，相手に無理に話をさせないかわりに，言われたことに必ず「うん」と心からうなずいてしまうような質問や言葉を繰り返しかけていきます。	ここでは子どもと話し合えないことに悩む保護者との面談場面を想定。 ●最近の様子から，子どもの気持ちがわからなくて困る場面に注目して取り上げる。 ●エクササイズを始める前に，しっかりとねぎらう。
エクササイズ	**2. 教師がイエスセットのモデルを見せる** ●まずは，お母さんが子ども役，私（担任）がお母さん役です。お母さんは，○○さんが家でリラックスしてふつうに話をしている感じで，私の話を聞いていてください。 ●「あなた，つらかったね」「よくたった1人で，ここまでがんばってきたね」「だれにもわかってもらえず，さびしかったね」……。 ●いま子ども役をしてみて，どんなことを感じましたか。 **3. 保護者がイエスセットを行う** ●次は，お母さんが，私を○○さんだと思ってやってみてください。 ☆「……つらい思いさせてごめんね」「あなたが学校をさぼるはずがないものね」「でも行けないから苦労しているんだよね」……。 ●私は○○さんになったつもりで，こんなふうに感じました。 ・いくら話してもわかってもらえない人もいるのに，何も言わなくてもわかってもらえているって，すごくうれしい。 ・「僕は信じてもらえているんだ！」って，すごく報われた。 ・思わず「そうなんだよ！　実はね！」って話したくなった。	●向き合わずに，背後から語りかけてもよい。例えば，テレビを見ている子どもの背中に向かってつぶやく。 ●親の気持ちと言葉が一致していることが大切。言葉はやさしいが，表情が怖い場合，子どもはよけいに不安を強める。
シェアリング	**4. 感じたこと気づいたことを語り合う** ●感じたこと，気づいたことを自由にお話しください。 ☆これまで，○○にむごいことしたなあ。いま，とてもつらいです。あの子，本当はちゃんとやりたかったんですよね。……これからは，心から謝って，しっかり支えます。後悔はいくらしてもしきれないけど，いまこの瞬間は，子どもに近づけてよかったという安堵感も感じています。	●必要性を感じると，母親が面談に父親を連れてくるようになる。
宿題	**5. 家庭でイエスセットを行う** ●家に帰ったら，○○さんがリラックスしている時間を選んで，いま練習したイエスセットで話しかけてあげてください。練習したもののうち，いくつかでかまいません。1回だけじゃなく，何度も同じことを言うほうが効き目があります。 ●今度，子どもさんの様子がどうだったかを，聞かせてくださいね。	●親が十分に納得していない場合は実施させない。 ●次回面談で，その後の様子を聞くことを確認し，面談を終了する。

出典：Milton.H.Ericksonイエスセットを元にエクササイズ化。筆者は横浜国立大学准教授堀之内高久先生の授業でイエスセットのトレーニングを受けました。敬意と感謝を表します。
参考：花輪敏男「不登校対応チャート」認識の段階

第3章　子どもへの接し方に介入するエクササイズ

■エクササイズ解説

親が何か話そうとしても，子どもが口をつぐむ・泣く・怒る・暴れる・席を立つなど，いやがって，とにかく肝心な話ができないという場合がある。こうした親子の「気まずい沈黙」を「対話」に変える。

イエスセットは，「本当は……だったんだよね」と，ねぎらいをかける人（保護者・担任）がうなずく子どもの補助自我となり，「本当はこうしたい，こうありたい」と願う子どもの思いを意識化し，支える。自分の思いを代弁してもらうことで，わかってもらえたと感じた子どもは，心の奥底に眠らせていた自らの思いや願いに目覚める。イエスセットは，その後の家族の本音の対話や子どもの自己開示を増し，自立に向かう足場をつくる。

■実施上の留意点

(1)「励まし」より「ねぎらい」優先

不登校の子どもは，いまは何もしていないように見えても，筆舌に尽くしがたい過去がある。そのことを大人が感受し，その子どもをしっかりと受け止めることが最重要になる。

不登校の子どもと信頼関係を結ぼうとするなら，たとえ親子や担任でも，いまの関係性にあぐらをかいてはいけない。「よかれと思ってのことだけど，いままであなたに対してつらい接し方をしてきたこともあった。わかってあげられなくて本当にごめんなさい」と，「これからは親（教師）のあり方立ち方を改める」ことを宣言して，意図的にあらためて新しい出会い（関係づくり）をする必要がある。

心的エネルギーのない状態で「こうせよ，ああせよ」「しっかりしなさい」「もっとがんばれ」という「励まし」は逆効果になる。励ましは未来を向いており，ねぎらいは過去を向いている。過去がしっかりねぎらわれないかぎり，共に未来に向かう関係を結ぶことはできない。しっかりと「過去をねぎらわれて」はじめて，「未来に向かって共に歩む関係（作業同盟）を結ぶ」ことができる。

(2)家庭での実施にあたって

イエスセットを子どもに行う際に，親の気持ちと言葉が一致しているかどうかは大切である。「言葉は優しいが，表情が怖い」という場合，子どもはより不安を強める。親が十分に納得しない場合は実施させない。

(3)ペーシングと一緒に行う

イエスセットは，子どもへの共感を高めるペーシングと共に行われることが大切である。ペーシングは，目の前の子どもの内的な世界を理解するために，呼吸や息づかいを合わせることである（P104参照）。

(4)繰り返すことが大切

表現は変わっても，イエスセットでは何度も同じ内容を繰り返すことが大切である。そのたびに違うことを言う大人を，子どもは信用しない。揺れるけれど，いつも同じことを言ってくる人のことを本当なんだと思う。

子どもの「いまさらなんだよ！」というネガティブな反応は，イエスセットに触発されて自己開示が始まったしるしと考えられる。じっくり受け止めるチャンスなので，釈明するのでなく，わかろうとすることが大切である。

実践例（エクササイズ後の保護者の感想）

（母親）小4のときに，子どもが泣きながら話してくれました。「僕をわかってもらえないことが一番つらい」と。イエスセットの途中で，そのときの光景が浮かんで……。

（父親）こんなふうに母親に言ってもらうのはうれしいですよね。私はまだ……。父親は役割としてどうしても威厳を保たねばと思ってしまうんです。

ねぎらいのイエスセット
―「本当は……なんだよね」―

<インストラクション>

ねぎらい いまは不登校でも「**本当はちゃんと学校に行きたい**」と思っている自分がいます。そういう自分を，しっかりと言葉でねぎらってもらえたら，子どもはどれだけ救われ，元気が出ることでしょう。

イエスセット イエスセットでは，話しかけられた相手が，うなずきを繰り返すうちに，
「わかってもらえた！」→「うれしい！」→「なんてよく私のことをわかってくれるんだろう」
→「そのとおり！　それで本当はね……」と自分の気持ちを話したくなってきます。

支えられていることがわかり始めた子どもは，徐々に自分の気持ちを語り出します。「そうだったのか」と親子の気づきが増え，対話が増えていくようになります。

<エクササイズ>

1回目：教師がねぎらいの言葉を読み上げる。保護者は子ども役になり「うん」と繰り返す。
2回目：保護者がねぎらいの言葉を読み上げる。教師が子ども役になり「うん」と繰り返す。

「ねぎらい」は短い文で。それを繰り返すとイエスセットになる。

保護者役（保護者）　　　　　　　　　　　　　　　　　　　　　　子ども役（子ども）

（練習のためにたくさん言ってみましょう!!）

・あなた，つらかったね。　　　　　　　　　　　　　　　　　　　うん
・よくたった1人で，ここまでがんばってきたね。　　　　　　　　うん
・だれにもわかってもらえずに，さびしかったね。　　　　　　　　うん
・あなたのためだと思ってだけど，ずいぶんつらいことを言ってしまったね。　うん
・わかってあげられないでつらい思いさせてごめんね。　　　　　　うん
・あなたが学校をさぼるはずないものね。　　　　　　　　　　　　うん
・あなたはそういうことがいちばん嫌いだものね。　　　　　　　　うん
・でも行けないから苦労しているんだよね。　　　　　　　　　　　うん
・本当は学校に行きたいんだものね。　　　　　　　　　　　　　　うん
・あなたは本当はこのままじゃいやなんだよね。　　　　　　　　　うん
・何とかしたいって思っているんだものね。　　　　　　　　　　　うん
・「変わりたい」って思っているんだものね。　　　　　　　　　　うん
・そしてそういう気持ちにあなたはもう気がついたんだものね。　　うん
・「変わりたい」って思っている人は実はもう変わり始めているんだよ。　うん
・私はあなたの味方になりたいんだよ。　　　　　　　　　　　　　うん
・私は何があってもあなたの味方だよ。　　　　　　　　　　　　　うん
・一緒に話し合いたいんだよ。　　　　　　　　　　　　　　　　　うん
・これからのために一緒にどうしたらいいか考えたいんだ。　　　　うん

→ うなずきながら気もちの同調が強まる

<シェアリング>

感じたこと，気づいたことを話してください。

第3章 子どもへの接し方に介入するエクササイズ

登校刺激をしてはいけないのか？
―アイメッセージでの対話―

川端久詩

■ねらい
親子の関係がこじれ、互いに本音が言えなくなっている状態から、真の対話へと向かうためのモデルを示す。これが「登校刺激はしてはいけないのか」という保護者の疑問に応えることになる。

■この相手・この場面
不登校対応の研修会で。コーディネーター等が学級担任へ。保護者との個別面談で。

種類	自己理解 他者理解
時間	50分
リーダー	学級担任
対象	保護者

【保護者が気持ちを語れるようになる】

教師：アイメッセージで語ってみてどうでしたか？　お子さんも本当は親の本音を知りたいけどこわくて聞けないんです

保護者：学校の話はもうできないと思っていたんですこんなふうに言えばいいんですね

（母）それで、学校なんだけど…ちょっと待ちなさいよ
（子）ごちそうさま…　ガタ

（母）ねえ、私は親だからさぁあなたが学校に行けなくてやっぱりうれしいわけはないよでも、無理して行ってほしくもないんだよ
（子）そうなんだ…

■手順
・肝心なことになると子どもが口をつぐんでしまい、保護者が困る場面を取り上げる。
・担任（子ども役）を相手に、子どもに学校へ行ってほしい気持ちを保護者がアイメッセージで語る。役割を交換して自分の言い方を聞く。
・感じたこと、気づいたことを語り合う。
・言い方のモデルを教師から聞く。
・宿題：帰宅後に日常場面でアイメッセージを多用する。

■ねらいとなる気づきの例
・（保護者）「学校に行ってほしい」と、言ってはいけないと思っていました。言うと子どもが苦しむし、本音を言えないことは私が苦しかったです。言えてスッキリです。伝え方ひとつなんですね。

■展開例　登校刺激をしてはいけないのか？ーアイメッセージでの対話ー

場面	リーダーの指示（●）とメンバーの反応・行動（☆）	留意点
インストラクション	**1. ねらいを説明する** ☆家では楽しく話せるようになってきたのに，学校の話になると途端に黙り込んで，自分の部屋に閉じこもるんです。ここで話をしないと一生学校に行けないのでは，親としても一生後悔するのではと思うと，本当は「学校に行きなさい」と言いたい。でも「登校刺激はいけない」というので言えない。これ以上言って自殺でもされたらと思うと，追いつめたくない。もう学校の話はしないほうがいいのでしょうか。 ●そうですよね。親子なのに腹を割って本音で話せないのはつらいですよね。ちゃんと対話する方法はあるんですよ。どうやっていまの状況を沈黙から対話に変えるか，一緒に試してみませんか。	ここでは家庭で学校復帰の話題にふれられない保護者との面談場面を想定。 ●この時期に保護者が困っているのは「子どもと学校復帰の話題ができないこと」が多い。 ●まず困っている保護者をしっかりとねぎらう。
エクササイズ	**2. アイメッセージをロールプレイで体験する** ●アイメッセージは，「私」を主語にして気持ちを語ります。「私はこう思う」を主張しつつ，言われた「あなた」が責められない言い方です。反対はユーメッセージです。「〜しなさい」「おまえは〜だ」というような，「あなた」を主語にした言い方のことです。 ●まず私がお子さん役になります。お母さんは，○○さんに「学校に行ってほしい」気持ちをアイメッセージで言ってみてください。 ☆私はあなたが心配で。楽しい時期を棒に振って。このままじゃ高校も行けないし，もっといまやれることがあるんじゃないかって。 ●いまお母さんが言われたことを，そのまま私がお母さんに言ってみますね。どう感じるか答えてくださいね。 ☆これじゃあ，お説教されたみたいでいやになりますね。 ●では，こんな言い方はどうでしょうか。私がお母さんになったつもりで言うので聞いてください。**「そりゃお母さん（私）は親だから，学校には行ってほしいと思ってるよ。けどね，無理なことしてよけいにつらくなってほしくはないんだよね」**	●向き合わずに背後から語りかけるなどでもよい。ペーシングとミラーリング（P104），イエスセット（P60）を併用すると効果が高い。 ●子どもに話がうまく伝わっていないことが多いことに気づかせる。 ●子どもからは聞いてこないので，親から話しかける見本を示す。
シェアリング	**3. 感じたこと気づいたことを語り合う** ●こういうふうに聞いて，お母さんどうですか？ ☆子どもに「学校に行きなさい」と言うのが怖かったんです。これ以上，子どもと話し合えないような気がしていました。こういうふうに言えばよかったんですね。 ●私は，自分の感情を相手かまわずぶつけるユーメッセージ型だったと思います。私はスッキリしても，相手はいやだったでしょうね。	●家庭では夕方以降など，子どもがリラックスしてよく話す時間帯に行う。
宿題	**4. 保護者から子どもへアイメッセージで語りかける** ●子どもは，口には出せないけれど，「お母さんは，学校へ行けない自分をどう思っているのだろう」と心の中に不安を抱えています。おうちに帰ったら，折りを見て必ずこちらからアイメッセージで伝えてあげてください。次回，様子をおうかがいしますね。	●次回の面談で，アイメッセージ実行後の子どもの様子を聞くことを確認し，面談を終了する。

出典：花輪敏男「不登校対応チャート」援助・指導の段階を元にエクササイズ化。

■エクササイズ解説

不登校状態に陥った子どもは，どこにも行き場がない。せめて家庭は安心安全な居心地のいい場所にしたい。保護者は，子どもと学校復帰について真剣に話し合いたい。しかし，学校の話題になると子どもは激しい抵抗を示したり回避したりする。このことが長く続き，エスカレートすると，保護者も子どもの危険を感じて学校の話題ができなくなる。このような状態を，花輪（1991）は「エセ平和」と呼ぶ。

エセ平和に陥らないために，親子が本音で話し合えることが大切だが，学校では「よく話し合ってください」としか言わないことが多い。どうやって語り合う関係を結ぶか，それに至る状況を徐々につくっていくための，子どもへの伝え方を保護者と練習する。

■実施上の留意点

(1)「エセ平和」に陥ると不登校は長期化する

家族には一見何の波風も立たず，穏やかで平和に見えるが，肝心なことは何も語り合うことができない状態になってしまうと，不登校は一向に解決に向かわず，その状態が温存されて，あっという間に長期化する。気がついたら何年も経っており，卒業期にも進路が何も決められないこともある。不登校は時間が経てば落ち着くのではないし，元気を回復するものでもない。むしろ肝心なことを語り合わないので，子どもはよけいに不安になり，何も為さないことで自信を失っていく。

(2)話せないことこそ，いちばん話したいこと

「お母さん，学校に行けない私のこと，どう思ってる？」（P68参照）は中学校の相談学級に通級する不登校生徒が書いた創作劇中のセリフである。演劇だからこその象徴的なセリフで，家庭では実際に口にできないセリフである。

子どもは親不孝をしている自分がふがいない。親の期待に応えられないだめな自分は親の愛を失うのではないかという失愛恐怖が募る。だから聞いてみたい。本当はこれこそ口に出したい心の中の叫び声だ。しかし言えないから苦しむ。花輪（1991）は「その人がいちばん話せないことこそ，いちばんに言いたいことである」と述べる。

(3)アイメッセージの効果

ホンネの対話だからこそ，「私はね……」と発言する「わたし」の責任性を明確にする。そして，発言内容に対する意識性を高める。

親のアイメッセージは，子どもにとってのモデルとなり，子どもの自己開示や自立（自分で考え，自分で決めて，自分で行動する）を促進する。

実践例（エクササイズ後の母親の感想）

家に帰って，私から話しかけてみました。「あなたは学校に行けないから親に迷惑かけて，こんな自分はだめだと思ってるの？」。「べつに」と言って部屋に戻っていきました。でも，いつもと違って，言われていやだと感じているようには見えませんでした。少し日をおいて，今度は「私は親だからね。子どもが学校に行けないことを喜ぶ親はいないでしょ。でも無理して行ってほしくはないんだよ」と言うと，ポツリと「迷惑かけているから，出て行こうかと思ってた。でも行くところもないし」「夜になると明日は学校に行こうと思うんだけど，朝になるとどうしてもだめなんだ」と，初めてそう話してくれました。「ああ，そんなにつらかったんだね。追い詰めてごめんね」。胸がつまって，素直に謝りました。それからは，少しずつ会話が増えてきました。

登校刺激をしてはいけないのか
―アイメッセージでの対話―

花輪敏男「不登校対応チャート」援助・指導の段階より

〈インストラクション〉

　不登校の子どもをもつ親は，子どもが学校の話題を避けるために，「学校に行きなさい」と言いたくても言えない思いに悩んでいます。しかし，「その人がいちばん話せないことこそ，いちばん言いたいこと」なのです。

　子どもは，親に心配をかけている自分をふがいなく感じています。親の期待に応えられないダメな自分は，親の愛を失うのではないかと恐怖を募らせています。そんなわが子への気持ちを語るコツを試してみましょう。

★アイメッセージとは

「私」を主語にして，自分が感じている思いを語ること。私たちが，子どもや家族など，相手のことを指摘するときには，「ユーメッセージ（あなたメッセージ）」になることが多いものです。

　アイメッセージ
　　例　「（私は）テレビの音が大きくて，眠れずに困っている」
　　　言われた人は，相手が困っているという事実のみを受け止めるので，抵抗や反発が起きにくい。
　　　このあとどう行動するかという判断は，本人に任されるため，
　　　「自分で考え，決めて，行動する」姿勢が育つ。

　ユーメッセージ
　　例　「太郎！（あなたは）うるさいよ。静かにしなさい！」
　　　太郎は自分が責められた（あり方を否定された）と感じ，相手への抵抗感が強くなり，
　　　反発を招きやすい。

〈エクササイズ〉

① 「わが子に学校へ行ってほしい気持ち」を，アイメッセージで語ってください。
② いまのアイメッセージを，子どもになって聞いてみましょう。
③ こんな言い方はどうでしょう。モデルを聞いてみましょう。

〈シェアリング〉

　エクササイズをして，感じたこと・気づいたことを語り合いましょう。

コラム 学校に行けない私のこと，どう思ってる？
―不登校生徒の心の叫び―

川端久詩

　筆者が勤務した相談学級（不登校生徒のための通級学級）の秋山順子先生が，「お手紙」（小２国語教材）を題材に授業を行った。筆者は不登校生徒は表現が苦手だと思っていたが，その朗読は涙が出るほど豊かだった。子どもたちは表現できないのではなく，表現の機会を与えられていなかった。そのことに気づき，筆者は驚嘆した。そこで顔を出さずにすむ人形劇での文化祭参加を提案し，上演した。大好評に気をよくして，生徒たちは翌年は自ら舞台に立ってもいいと言った。それが以降７年間続く（市内演劇部の）中学校演劇発表会参加のきっかけとなった。劇は毎年進化し，「おりょうの木」「奇跡の人」（２回）「リア王」を上演，そして愛知県立刈谷東高校の兵藤友彦先生の脚本を下地に「自分にとっての不登校」をテーマに脚本を作った。その後新たな創作劇２本の上演に至り，生徒は毎年賞を取った。SGEを生かして，シナリオづくり，練習，本番。それらのどれもが毎日のシェアリングの積み重ねだった。生徒たちは仲間と感情交流を深め，自分を見つめ，自己主張し，未完の行為を完成しながら，進路意識を高め，学級復帰した。不登校経験者ならではの感情表現には，なんと不登校を経験しない者が共感を寄せた。「この気持ちよくわかる。私もそうだ！」と。不登校の生徒の気持ちは，現代のだれにも通ずる公共性が高いものだった。「言いたいことが言えない」という，自己開示を抑圧するつらさは今日的な大テーマだ。生徒たちが書いた創作劇中のワンシーンを紹介する。

Starting for oneself ―自分のための出発点―　（脚本より抜粋）

【子のセリフ】
　どれくらいの間かもわからないくらい引きこもっていた。お母さんは一生懸命理由を聞こうとしたけど，私があまりにも何も話さなかったので，とうとう学校のことはふれなくなった。私は話す機会を失ってしまった。本当はちゃんと言いたい。わかってほしかった。
　お母さんとはふつうに話すのに，学校の話題だけはどうして言えないんだろう。
　学校に行けない私のことを，お母さんはどう思っているんだろう。お母さんははっきりとは口にしない。お母さんの気持ちがわからない。それがすごく不安だ。きっと私はよく思われていない。お母さんと向き合いたい。でも，むずかしい。
　「おかあさん，学校に行けない私のこと，どう思ってる？」

【母のセリフ】
　いつか，こういう話ができたらどんなにいいかと思っていたよ。でもね，あなたが学校に行けなくてつらかったのがわかったから，これ以上傷つけてはいけないと思って，言い出せなかった。
　あなたの苦しみを抜いてあげたかったのに，ちからになりたかったのに。私が話しかけると，あなたを追い込んでしまう。それはつらいことだったよ。
　「私はね，あなたが毎日楽しく学校に行けたら，どんなにいいかと思ってるよ。だって，子どもが学校に行けないことを悲しまない親はいないでしょう」
　あなたは本当に苦しんだ。お母さんもつらかったけど，あなたはよくここまでこんなにつらいことを一人でがんばってきたね。だから，無理はしてほしくないんだよ。そしてこれからどうしていくかを一緒に話し合いたいんだよ。

第4章

自己肯定感を高める
エクササイズ

第4章　自己肯定感を高めるエクササイズ

自己肯定感を高める段階とは

川端久詩

　保護者や担任から、「子どもに『学校に行きなさい』と言うのはいつで、それは子どもがどういう状態になったときですか」という質問が発せられたら、不登校対応への理解が深まり、子どもを大切にしながらよい形で支援が進んでいる証拠である。

再登校の準備を始めるサインは何か

　花輪（1991）は「不登校対応チャート」のエネルギーチェックの段階で、「周囲の大人の『認識』が、その対応を変え、『援助・指導』により具体的に積み重ねがなされていくと、子ども本人の変容が認められるようになる。この段階で、積極的に再登校の準備をしてもよいかどうか、心的エネルギーと学校への関心度の点から判断する」と述べている。そしてエネルギーチェックの目安として、「外出できるかどうか」「日常生活のリズムはどうか」「自分からすすんで手伝いなどをするかどうか」「退屈し始めていないか」をあげている。また、学校への関心度としては、「学習机・教科書・制服などへの反応はどうか」「学校に関する話題を自分から話したりするかどうか」をあげる。学校復帰の判断には、本人の身近で生活する保護者が日常の様子を観察しながら得た情報がとても大切になる。

　子どもの心的エネルギーと学校への関心度が高まってきていることが確認できたら、積極技法を用いる段階に入る。花輪は、「心的エネルギーが満たされ、学校へ気持ちが向いてきていることが確認されたら、再登校へ向けて積極的に準備を始める。再登校のためには心理的な面のみならず、学習空白による学力の低下・体力の低下という面に対しても、十分な対応が必要である。さらに受入体制をも整備しておかねばならない」と述べる。担任は単に子どもの人間関係だけでなく、いつ子どもが学校に登校してもいいように学校や学級環境（クラスの子どもにどう説明するかなどの受け入れ体制も含む）の整備も日々並行して行っておくことが大切になる。

　子どもの心的エネルギーが高まると、行動力も高まる。本人が自ら相談機関や教育支援センター（適応指導教室）、フリースクール等に通い始めることができるようになるのもこの段階である。両親や教師との関係をより深めながら、ピアなスモールグループから人間関係を再構築していく練習が功を奏するようになる。

花輪敏男 "不登校対応チャート"「児童生徒の不登校に関する学校の取り組み方や指導援助の進め方についての研究」『山形県教育センター研究報告書』1991

ウィネスという「われわれ意識」

　子どもの関係性を促進する過程の指標となるのは，ムスターカスのウィネス（being-for）である。本書のエクササイズは，ワンネス→ウィネス→アイネスのグラデーションで構成されている。2段階目となるウィネスは，片野（2007）によれば「『自己の実現を促すような相手の表現力を支持したり，力づけたり励ましたりする』『相手の中から自己決定力を引き出す』"alliance"（同盟：筆者注）のことである」。

　子どもの「不登校」について保護者が感情を伴った気づきを得るようになると，子どもだけでなく「自分自身」についての理解と受容も深まり，親子のウィネス（仲間意識）が深まる。親も自分のあり方生き方に気づかされるのである。これは不登校対応をSGEで行う所以である。

　子どもが相談学級や適応指導教室，フリースクールなどに通うようになり，同じ不登校体験をもつ子どもとSGEを行うようになると，子どもたちのピアな関係づくりが深まる。いままでずっと孤独だった子どもが，やっと相手に自分の気持ちをわかってもらえる体験をする。そして，自分も仲間の話に耳を傾けることで，身につまされるように思いが通じ合う。仲間との出会い（エンカウンター）の絶好のチャンスが得られる。「聴いてもらえた。わかってもらえた。受け入れてもらえた」「話すことができた。思いを語ることができた」という体験は，人と共感しあう機会となり，互いの親和性を深め，進路や将来に向かう勇気や自己決定を促進しあう。自立や学校復帰に向けた効果はたいへん高い。

　ウィネスはまた，アイネスに通じる。片野（2007）は，「アイネスは，"I-Thou relationship"を意味し，相互の固有性・独自性（『かけがえのなさ』）を尊重する，畏敬の念をもちあうという態度から生じる，自己主張（assertiveness）や対決（confrontation），『意味と深み』のある，あるがままの自己を開示しあうエンカウンターを志向している」と述べる。

　花輪（1991）は，「『自分で考え，自分で決めて，自分で行動する』ことができるようになる，自立した人間に育つことで，結果として子どもが学級復帰する」と述べる。ここで目標とされている自立した人間像は，「アイネス」である。花輪の「不登校対応チャート」は，不登校対応のプロセスを6つの段階に分けて支援を行っていくが，この過程もまたSGEの「ワンネス・ウィネス・アイネス」に相通じている。

　不登校対応の最終的なゴールは，子どもも大人も，「不登校ゆえに多くの宝物を得て，再び起つことができた」と，胸を張ってこれからの人生を歩むことである。これこそが，「ありたいようにあれ」のアイネス（個の自覚）＝自立した生き方の獲得である。だから本書では，第6章に「新たな自分を生きるためのエクササイズ」を設けている。これらはすべてアイネスプログラムによって成り立っている。

片野智治『構成的グループエンカウンター研究』図書文化2007

第4章　自己肯定感を高めるエクササイズ

探そう！
子どものいいところ

森　憲治

■ねらい
不登校の子をもつ保護者は自分を責め，子どもを責めることが多い。子どもの気になる行動の裏側にある気持ちを考える中で，子どものよいところを発見し，子どもへの理解を深めていけるようにする。

■この相手・この場面
教育支援センター等で実施される保護者会で。保護者との個別面談で。

種類
他者理解

時間
50分

リーダー
相談担当

対象
保護者

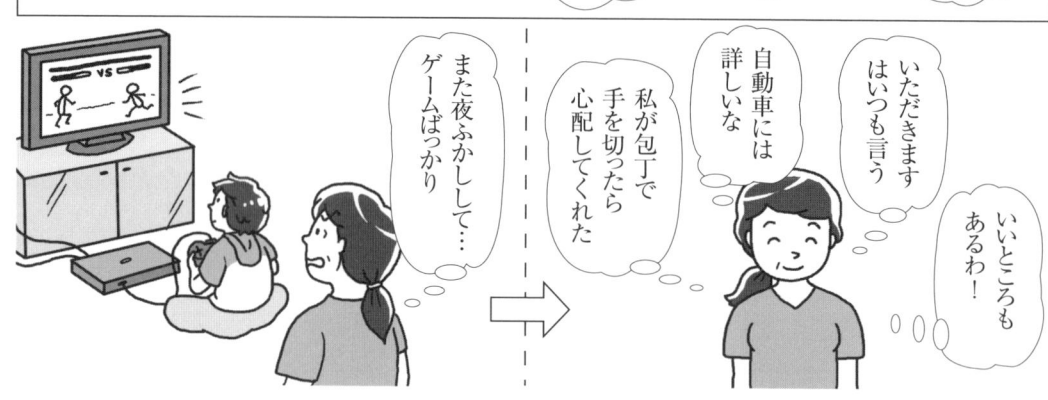

子どものいいところに目を向ける

教師：見方を変えることと例外を探すことでよいところが見つかりますよ

見方を変える：平日は眠れなくて遅くまでゲームしているのかも…

保護者：でも，土日はわりと早くに起きてTV見てるわ

例外

また夜ふかしして…ゲームばっかり

私が包丁で手を切ったら心配してくれた

自動車には詳しいな

いただきますはいつも言う

いいところもあるわ！

■手順
・数人の保護者でグループをつくる。
・「子どもの気になるところ」を具体的にワークシートに書き出し，順番に発表し合う。
・「気になる行動」の中から2つ選び，見方を変えたり例外を探したりするとどうなるかをワークシートに書く。そのとき，子どもをほめる一言を添える。
・感じたこと，気づいたことを語り合う。
・次回までに子どものよいところを探してくる。

■ねらいとなる気づきの例
・（保護者）いつも登校するかどうかぎりぎりまで言わないので，どうして優柔不断な子どもだろうとイライラしていたのですが，あまり早くから「行かない」って言うと私が悲しむので，気をつかって黙っていてくれたんですね。

■展開例　探そう！　子どものいいところ

場面	リーダーの指示（●）とメンバーの反応・行動（☆）	留意点
インストラクション	1. ねらいを説明する ●これから，お子さんのよいところを見つけてみます。急には出ないかもしれません。叱り方の上手な人は，ほめ方も上手だと言われています。それは叱るにしてもほめるにしても相手をしっかりと見ていないといけないからです。今日はよい部分をしっかり見つめるほうの練習をしていきたいと思います。 ●やり方を説明します。急に「いいところ」と言われて，無理に言おうとしても，どうしても悪いことしか浮かばないことがあります。そこで，まず先に「子どもの気になるところ（行動面）」をあげてもらい，みなさんで交流します。次にその行動の意味を考え，そのうえでよい点を探してもらいます。あとで発表しますので，書くのは表現できる範囲でけっこうです。また，それぞれのお子さんのことを話しますので，くれぐれもこの場かぎりの話としてくださいね（帰ってから，「あの子……な子なんだってね」などと話すことのないようにしてください）。	ここでは教育支援センター等，相談機関での保護者会を想定。 ●押さえるポイント ・可能な範囲の自己開示でよい。 ・守秘義務があることを具体的な例を伝えて理解してもらう。 ・全体の流れを先に伝える。
エクササイズ	2. 子どもの「気になる行動」を考える ●子どもさんの行動で，ご自身が気になっていることをできるだけ具体的に書きましょう。いくつでもかまいません。 ●いくつかあがったら，ご自身が気になる順に番号を付けてください。そして上位2つをグループで順に発表してください。 3. その行動がもつ別な意味（よい面）を探す ●「見方を変える」ことと「例外を探す」ことで，子どものよい点を見つけてみたいと思います。 ●見方を変えるとは，保護者にとって気になる行動であっても，本人にとっては意味のある行動である場合があります。そのように本人にとっての意味から見ることです。 ●例外を探すとは，気になる行動でも24時間365日行っているわけではないので，それ以外のときを見つけることです。 ●「気になる行動」の右側に「例外」や「見方を変えるとどうなるか」を書き，そのあとに子どもさんをほめる一言を加えてください。 ●グループで2つずつ発表し合ってください。	●シートを配布する。 ●書き方とどの程度まで書くかを例示する。 ●たくさん書き出してから優先順位を決める。 ●気になる行動がない場合は，無理に書く必要はない。 ●見方を変えるだけではなく，子どもをほめる一言を加える。
シェアリング	4. 感じたこと気づいたことを語り合う ●感じたこと，気づいたことをグループで話し合ってください。 ●順番に全体に発表してください。 5. 「子どものいいところ」を見つけてくる ●家に帰ったら，小さなことでいいので，子どもさんの「いいなと思うところ」「感心するところ」を記録して次回教えてください。 ●こういうことは正解がありません。だからこそ今日は一生懸命考える時間をとっていただきありがとうございました。	●保護者自身の肯定感が高まる感想を伝える。

参考：米田薫『厳選！　教員が使える5つのカウンセリング』ほんの森出版

第4章　自己肯定感を高めるエクササイズ

■エクササイズ解説

　不登校の子どもをもつ保護者は，反社会的な問題行動を伴う不登校の子どもをもつ場合も同様であるが，毎日の対応に疲れ，前向きに日常を過ごす元気すら失いやすい。そうしたとき，子どものいいところを，いくつも見つけていくことが解決の糸口になる。本エクササイズは，「いいとこ探し」がまだできない，疲弊した保護者の実態を踏まえて，いったん「つらいこと」「気になること」に目を向けるプロセスを経るものである。このあと何度もじっくりと，「いいとこ探し」に取り組んでいく。

■実施上の留意点

(1)まず保護者の「いま」を受け入れる

　保護者は，不登校となった自分の子どもの行動の意味が理解できず，他人や自分を責めていることが多い。いっぽう，子どもと向かい続け，悩み続け，その中から答えを見つけた保護者は，「『AだからB』といった短絡的な因果関係など存在しないし，だれかを責めたところで何の解決にもならない。いま，目の前の子どもを信じ，進み続けるしかない」と穏やかに言われることが多い。このように保護者が，子どもの「いま」を受け入れてくれたときに，子どもは安定する。

　同様に，保護者を支援する教師は，子どもを責めていると感じられる保護者がいたときにも，まず「そのような気持ちになっている」という保護者の「いま」を受け入れることが支援の最初の一歩となる。子どもを責める感情があるのに無理に「マイナス思考はやめて，よいところを話しましょう」と言っても，保護者は負の感情が封印されて逆にストレスが高まることが多い。

　まず保護者の「いま」の状態を受け入れ，共感して進めることが大切である。

(2)なぜ「意味」と「例外」を考えるのか

　少し混乱した言い方になるが，「意味を考える」とは，原因（「だれが」「何が」悪いのか）を考えることではない。

　大人から見て間違った行動をしていたとしても，子どもは子どもなりに「そうせざるを得ない」状況や気持ちがあってそれをしているのである。その子どもの気持ちを追体験してみようとすることが「意味」を考えるということである。そのときに，「あぁ，子どももがんばっていたんだなあ」と感じることができるのではないだろうか。

　例外についても同様で，高い要求水準で見れば足りない点ばかりの子どもかもしれないが，少し視点を変えて，「気になる行動」の例外を探すと，ふと保護者の心を動かすような行動が見つかるはずである（例外を探す作業は慣れるまで少し時間がかかるので，場合によっては練習の時間をもつ）。

　ふだんは，心に鎧をつけて中が見えない子どもであっても，その意味と例外を保護者が感じることで鎧の内側が垣間見える時があるものである。無理にほめるのではなく，垣間見える春のぬくもりのような瞬間を感じて，子どもをほめたいものである。

実践例（エクササイズ後の母親の感想）

　どうして学校へ行かないのかを自分の立場からだけ考えていました。子どもの立場に立ったとき，これだけ周りが責める環境で本当によくがんばっていてくれたと感じます。そしてこれからは，学校へ行くとか行かないではなく，どうしたいのかをゆっくりと聴いていきたいと考えています。子どもと自分を責めるのをやめようと思います。

探そう！ 子どものいいところ

1. 左側に，子どもさんの行動で，ご自身が気になっていることをできるだけ具体的に書きましょう。書き終えたら，気になる順に順位をつけましょう。
2. 特に気になること2つについて，「見方を変えること」「例外を探すこと」で子どものよい点を見つけ，右側に書きましょう。最後に子どもさんをほめる一言を加えてください。

気になる行動 （いつ・どんなふうに）	見方を変える・例外を探す （最後にほめてくださいね）
【例】夜になると「お母さん，明日は学校へ行くから準備して」と言うくせに，朝になると「やっぱりお腹痛い」と言い出す。	【例】最初から，「行かない」と言うとがっかりさせるので，親に気をつかっている（そういえば，いつも親の状態を見て気をつかうやさしい子どもだったと気づきました）。

＜宿題＞
次回までに，子どもの「いいところ」を見つけてきてください。
できるだけ小さなことをたくさん書いてきてください（すてきな発言なども書いてきてください）。

「いいとこ探し・自分編」もしたいので，ご自分の「いいところ」も見つけておいてくださいね。

第4章 自己肯定感を高めるエクササイズ

NO！と思い切り叫んでみる

川端久詩

■ねらい
「いやなのに，いい顔をする」「できない約束をしてしまう」などの適応過剰を粉砕するために，意識性を高めて行動化を促す。

■この相手・この場面
子ども本人と面談の中で。適応指導教室等の授業で。不登校対応の研修会で。コーディネーターが学級担任へ。

種類 自己主張

時間 50分

リーダー 相談担当

対象 子ども

（吹き出し）お姉ちゃんでしょ本くらい貸してあげなさい／えーん／いいよ…／本当はすごくいやだったなぁ

（右）NO！私という人生の主人公は私だ！

■手順
・本人のこれまでの努力をねぎらう。
・断りたくても断れなかったことや，自分の気持ちが言えなかった不自由な体験を思い出す。
・その話をグループで紹介して，「NO！私という人生の主人公は私だ！　私は自分を大切にする。だから，私はそれを選ばない。NO！」と叫ぶ。
・感じたこと，気づいたことを語り合う。

■ねらいとなる気づきの例
・（子ども）NOと言う大切さはわかるけど，実際断るのは悪いことしてるような感じがあります。
・（子ども）やってみるとすっきりです。言いたくても言えなかった自分に気がつきました。
・（教師）この子が自己主張できないことに悩んでいたのはわかっているつもりでも，じれったく思っていました。実際にエクササイズをしてみて，子どもより，実は私自身がNOと言えない，不自由な存在であることに気がつきました。

■展開例　NO！と思い切り叫んでみる

場面	リーダーの指示（●）とメンバーの反応・行動（☆）	留意点
インストラクション	1. ねらいを説明する ●今日のエクササイズは，「NO！と思い切り叫んでみる」です。本当はいやなのに頼まれると断れなかったり，いやな役割をずっと背負い続けていることはありませんか。本音を言えずに，自分の心をねじ曲げ続けると，表向きは愛想笑いをしても内心ではキレて，少しのことでも怒りや不満を自分や他者に向けやすくなります。自分の本当の感情がわからなくなり，自分を大切にできなくなって，自分を嫌いになってしまいます。だから，自分を大切に生きていくためには，自分の意思を言葉で表すことが必要です。	ここでは適応指導教室や相談学級の担当者と子どもたちが行う場面を想定。面談の中で学級担任が子ども・保護者に行う場合も。
エクササイズ	2. 「NO！」と思い切り叫んでみる ●これから，気持ちを明確化するための自己宣言法をします。まず，いま自分が背負わなくてはいけなくて，不自由を感じていることは何でしょう。思い浮かべてみましょう。例えば先生は……。 ●そのことが何かを言える人は，話せる範囲で話してみましょう。そして，「NO！　私という人生の主人公は私だ！　私は自分を大切にする。だから，私はそれを選ばない。NO！」と思い切り叫びましょう。話したくない人は，人に話さないまでも，そのことを思い浮かべながら，このセリフをきっぱりと言ってみましょう。	●リーダーは自己開示的に子ども（保護者）に話を促す。 ●1人1人が自己宣言する。
シェアリング	3. 感じたこと気づいたことを語り合う ●NOと叫んでみて，感じたこと気づいたことを話しましょう。 ☆人にものを頼まれると，「ふざけんな，自分でやれ」とすごく腹が立つから，「NO！」と叫んだらすっきりするかなと思った。でも，実際はなんだか悪いことをしている気分になった。よっぽど心が麻痺しているんだと思った。 ☆私も，まだどうしても「NO！」と言えない。言いたい気持ちもあるけど，いままで「言っちゃいけない」と心の蓋を固く閉めすぎたのか，言えない自分が「嫌い」だと思った。 ☆僕はすっきりした。言えなくてつらかった「あのとき」が埋まった。すごくうれしかった。僕が悪いんじゃなかったと思えた。 ☆私は見ていただけだったけど，話を聞いていて，みんなの言うことはみんな違うのに，全部が私のことに当てはまった。びっくりした。こんなこと考えてるのは私1人だけで，だれともわかり合えないと思っていた。私は1人じゃないと思えて，すごくうれしくなった。こんなことなら，早くここ（相談学級）に来ればよかった。 ●いままでがまんを積み重ね，心に固く蓋をしてきた分だけ，NO！と言いにくい場合が多いものです。NO！と言う練習にも繰り返しが大切です。その都度の自分の感じ方の変化に注目しましょうね。	●リーダーは，子ども・保護者が感情を語りやすいように，受容・繰り返し・支持・質問をして，気づきを深める手助けをする。 ●左のシェアリング例は，相談学級や適応指導教室でのセッションのイメージ。 ●言えなかったり，言いにくいのは当たり前であることを確認し，ここで感じたことを大切にする。

出典：「紙つぶて」「それはお断り」『構成的グループエンカウンター事典』
参考：花輪敏男「不登校対応チャート」積極技法の段階・再登校の段階

■エクササイズ解説

不登校の子どもの相談に来た保護者が，我が子を語るとき，「人の悪口を言いません」とよい意味合いで言うことが多くある。実際に不登校になる子どもは素直で誠実でやさしい，とてもよい子ばかりだ。

よい子は人に気をつかう。相手にいやな気持ちを抱かせたくないと思っている。「だれかを傷つけたくない！」という思いが強い。だれの期待にでも応えようと，つらいことがたくさんあっても，本音は口に出さずにひたすらがまんして，本心では望まないことも笑顔で受け入れようとする。

自分の本当の感情から自分が遠ざかる現象を「自己疎外」という。本当はいやなのに，心をねじ曲げた行為を積み重ねていくと，心が麻痺して，自分の本当の気持ちに気がつくことがむずかしくなる。次第に自分を大切にできなくなり，自尊感情がすり減り，そんな自分が嫌いになっていく。本音が言えないから，不満がたまり，少しのことでも怒りや不満を自分や他者に向けやすくなる。

本エクササイズでは，自分の意思を大切に生きていくことを体験する。自分の意思を言葉に表すことで，わかりにくくなっている自分の気持ちを明確化する。

■実施上の留意点

(1)感情に迫る介入をする

自分がすすんでそうしたいのか，したくはないけれどしなくてはならなくてそうするのかにリーダーは気づかせていく。

① 「NOと言えずYESと答える」のは，自分の意思であるのか，そうではないのか。
② それでは自分は本当はどうしたいのか。そして，どうしたいのかを言えるようにする。
③ 「断ること＝悪いこと」ではない。きっぱりと「断る」ことができる人は，自分の引き受けたことをきちんと果たそうとする人でもある。自分の限界を設定した中でのかかわりは自分を大切にすることであり，相手に対してより誠実に対応できる。
④ 自分で選ぶことができなかった（仕方なく受け入れた）「何か」がある場合，その選択は「無理やり引き受けさせられた」ものであり，本当に大切にしたかったものは「捨てさせられた」と感じられて，やり場のない怒りがわき起こっている。そのような自分の中の怒りに気づかせる。

(2)教師との関係が崩れることを防ぐ

不登校の子どもは，過去にだれかにNOと言われたり，あるいはいろいろな場面で否定されてつらかったりしたことがあったために，「人にされていやなことを自分はしない。だから自分は他者にはNOとは言うまい」と決め込んで，より不自由になっている場合がある。そして，そのような威圧的，侵入的，権威的な人間像を教師に投影し，教師の言動に激しく反応したりして，学校や教師が対応しにくくなることがある。

自分の中の怒りに気づかせることで，教師との関係悪化を防ぐ。

実践例（母親の話）

登校訓練を始めてしばらくして，過度な負担がかかっているのではないかと心配でした。けれども，「『明日から半日登校に延ばさないか』と先生に言われたけど，『疲れたから，2時間で帰りたい』と自分から担任の先生に話したよ」と聞きました。話せてすっきりしたようでした。

不登校になった直後には，担任の先生と「明日は朝から行く」と笑顔で無理な約束をして，その反動で家で暴れたことを思えば，よくここまで頼もしくなったなと思います。

NO!と思い切り叫んでみる

<インストラクション>
　自分の本当の感情から自分が遠ざかる現象を「自己疎外」といいます。だれかの期待に応えるために，本当はいやなのに自分の心をねじ曲げた行為を積み重ねていくと，自分の本当の気持ちに気づきにくくなります。次第に自分を大切にできなくなり，自分が嫌いになってしまいます。本音が言えないため，不満がたまり，少しのことでも怒りや不満を自分や他者に向けてしまいます。
　だから自分の意思を大切に生きていくことが大切です。自分の意思を言葉に表すことで，わかりにくくなっている自分の気持ちを明確化します。
　「何かを選ぶ」ということは，「何かを捨てる（断る）」ことでもあります。いっぽう，できないことを断ることは，自分の責任範囲を明確にし，自分を大切にすることにもつながります。
　他者からの期待を「受け入れなければならない自分」から脱却するために。自分が本当は何をしたいのか，本当の自分の感情に気づくために。自分の意志で自分の人生を選ぶために。自分の人生に自分で責任をもつために。
　「NOと言う＝断ること」を大切にしましょう。

<エクササイズ>
1. いま，自分が背負わなくてはいけなくて不自由を感じているもの・ことは何でしょう。
　 思い浮かべてみましょう。

2. そのことが何かを言える人は，話せる範囲で話してみましょう。
　 そして，次のように思い切り叫んでみましょう。

　　　NO！ 私という人生の主人公は私だ！
　　　　私は自分を大切にする。
　　　　　だから，私はそれを選ばない。NO！

　話したくない人は，人に話さないまでも，そのことを心に思い浮かべながら，
　このセリフをきっぱりと言ってみましょう。

<シェアリング>
「NO！」と叫んでみて，感じたこと気づいたことを話し合いましょう。

第4章　自己肯定感を高めるエクササイズ

エンプティチェア

山下みどり

■ねらい
2つのいすを行き来して，自分と相手の役割を演じながら，1人で会話する。会話するうちに，いままで気づかなかった相手や自分の気持ちがわかってくる。

■この相手・この場面
相手との関係に葛藤や迷いを抱えているときに，子どもの面談で。

種類
自己理解
他者理解

時間
10～15分

リーダー
学級担任
相談担当

対象
子ども

1. 語りかけたい相手を設定する

こっちのいすにお母さんがいるつもりで話してみようか

2. Bに相手がいるつもりで語りかける

「勉強しろ」「学校へ行け」っていつもうるさいけど私だってわかってるよ！

3. Bの立場になって自分に語りかける

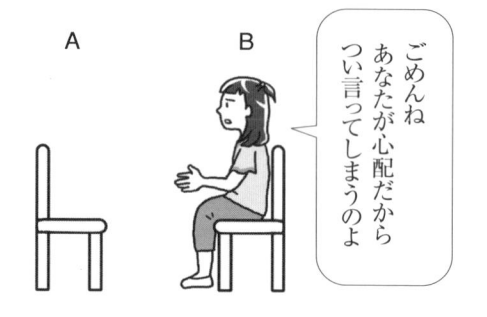

ごめんね　あなたが心配だからつい言ってしまうのよ

4. 感じたこと気づいたことを話す

怒ってばかりと思ったけどママも私のこと大事に思ってくれてるんだな…

■手順
・教師のデモンストレーションを見る。
・Bのいすに座らせる相手を選ぶ。
・Aのいすに座って，Bのいすに座っている人に話しかける。次に，Bのいすに移動して，その人になって答える。さらに，Aのいすに戻って答える。以下，繰り返す。
・リーダーは，いすを行き来する様子を見て，子どもの表情や言葉に変化がないかを見る。
・感じたこと，気づいたことを語り合う。

■ねらいとなる気づきの例
・（子ども）「お母さんはいつもいやなことばかり言う」と思っていたけど，ほんとうは私のことを心配していたんだと思いました。
・（子ども）自分の中にもいろいろな気持ちがあることに気がつきました。
・（子ども）お母さんは口うるさいので嫌いだと思っていたけど，いいところもあるなと思いました。

■展開例　エンプティチェア

場面	リーダーの指示（●）とメンバーの反応・行動（☆）	留意点
インストラクション	**1. ねらいを説明する** ●○○さんは，この前，「お母さんは，私に，『学校に行け』としか言わない。私がこんな思いをして相談室登校していることを全然わかってくれない」と言っていたね。今日は，そんな自分の思いを，思い切って話してみようか。 ●お母さんが考えていることって詳しく知らないよね。でも，○○さんも，お母さんにきちんとそのことを聞けないでいるね。 ●これから，「エンプティチェア」というエクササイズをします。これを手がかりに自分や相手の思いに気づくといいね。	ここでは適応指導教室などに通う子ども，あるいは相談室や保健室に別室登校する子どもと行う場面を想定。 ●子どもが2人以上の場合は，観察役を設ける。
インストラクション	**2. デモンストレーションをする** ●まず先生が先生役とお母さん役になって会話してみるね。 ●（Aのいすに座り先生役を演じて）お子さんが学校に行かないのを見て，どうしてと思ったりイライラしたりという感じでしょうか。 ●（Bのいすに移動して母親役を演じて）そうなんですよ。昨日は行くって言ったくせにって。顔に出さないようにはしているんですが。 ●（Aのいすに戻って）お子さんのことを考えて，表に出さないようにされているのですね ●（Bのいすに移動して）ええ，でもなんだか態度や顔に出ているんじゃないかと……。子どももとまどいますよね。でもどうしたらいいのか……。 ●こんなふうに，2つのいすを往復して会話します。	●リーダー（教師）は，恥ずかしがらずに見本を示す。 ●「いまここ」での気持ちを話すだけでいいことを伝える。 ●5～7往復くらい行う。
エクササイズ	**3. 課題を行う** ●まず，○○さんはこっちのいすに座って，お母さんがもう1つのいすに座っているつもりで話しかけます。話し終わったら，もう1つのいすに移って，今度はお母さんの立場になって，いまの話に答えます。それぞれの人になりきって話してください。 ●話すのは「ここだけの話」で，内容がお母さんやほかの人に伝わることはありません。先生には守秘義務があります。だから，○○さんは思っていることを安心して何でも言ってください。では，やってみましょう。 ●急がなくていいよ。ゆっくり進めていきましょう。	●相手の立場になると「どんな気持ちがするか」「どんな感情が出てくるか」「相手をどんなふうに見つめているか」など，を意識させる。 ●「相手は私をこう見てるんだ」「私はこうやって自分を守っているんだ」という気づきを促す。
シェアリング	**4. 感じたこと気づいたことを語り合う** ●いまこのエクササイズをやってみて，感じたこと，気づいたことを自由に話してください。 ☆お母さんと話すといつもけんかになるけど，原因は私にもあるのかなと思いました。 ☆お母さんの言うことをいつも無視していたけど，これからは少しは話を聞いてみようと思いました。	

出典：「2人の私」『構成的グループエンカウンター事典』，國分康孝『カウンセリングの理論』誠信書房

■エクササイズ解説

　不登校の子どもは，自分の気持ちを素直にその場で表すことをためらったり，「こんなことを言うと相手が気にしたり傷ついたりするのではないか」と心配したりして，自分の思いがどんどん言えなくなっている。

　そこで，エクササイズを通して，自分の感情を言葉にしていくことで，自分の感じていることや思っていることが，自分自身でもはっきりとわかるようになっていく。

　また，相手の立場になって会話していくうちに，自分の思い込みとは違う相手の思いが見えてきて，「相手（例えばお母さん）が自分のことを本当はどう思っているのか」という，いままで気づいていなかった相手の思いがわかるようになっていく。

　なお，エンプティチェアとロールレタリング（P84）は，方法は違うがねらいは同じである。

■実施上の留意点

(1)言いたいことをがまんしてしまう子に

　自分の思いを言葉にすることに慣れていない子どもたちが多い。

　エクササイズの実施は，急かさずにゆっくり進めていくことが必要である。

　また，思いを伝える言葉を教師がいくつか提示して，自分にしっくりくる言葉を選択させたり，まねさせたりしながら進めることも，視野に入れておく。

　思いをなかなか言えない子どもに対しては，空いているほうのいすに教師が座って，そこに向かって話をさせてもよい。

(2)自分の気持ちに迷いや葛藤がある子に

　周りの人の意見や考え方に左右されたり流されたりしやすい子どもに対しては，エクササイズを用いて，自分の中の相反する気持ちに向き合わせることができる。

　この場合は，せめぎ合う気持ちの2人の自分になって，それぞれのいすに座る。1つのいすでは「私は」と一人称で語り，もう1人の自分を「あなたは」と呼んで，区別する。

　この体験によって，「いろいろな自分がいるけれど，いまの自分はこれでいい」と感じることができる。

(3)恥ずかしがる子に

　無理強いはせず，「先生がやってみるね」「ほかの人がどう考えるのかとか気にしなくていいんだよ」「心に浮かんできたことをそのまま言っていいんだよ」「先生がこっちのいすにお母さんになって座ろうか？」などと働きかけて，子どもが「やってみてもいい」という気持ちになってから行う。

　また，観察役から始めさせるなどの配慮をすることも必要である。

実践例（エクササイズでの子どもの様子）

　「私の気持ちなんてだれもわかってくれない」と話す高校生が，お母さんとの会話を演じてみたときのこと。

・（Aのいす：自分役を演じて）

　「お母さんなんて，私の気持ち，何にもわかってない！」

・（Bのいす：母親役を演じて）

　「……そんなこと言われても……あなたお母さんに何にも話さないじゃない……」

　その後，生徒は我に返って，「えっ……そういえばそうか……話していないかも……」と気づきが生まれた。

エンプティチェア

<インストラクション>

わたしのまわりにはいろんな人がいる。

「わたし」と「わたしではないまわりの人」と会話してみましょう。

わたしの中にもいろんなわたしがいる。

「わたし」と「もう1人のわたし」と会話してみましょう。

もう1つのいすにだれをすわらせますか。

<エクササイズ>

いすを行き来して，繰り返し会話しましょう。

<シェアリング>

感じたこと，気づいたことを語り合いましょう。

第4章　自己肯定感を高めるエクササイズ

ロールレタリング

山下みどり

■ねらい
自己と他者と立場を替えながら手紙を書くことによって，相手の気持ちや立場を思いやる機会にする。また，表面に現れている自分と心の中に隠れている自分を比べながら書くことによって本音に気づく。

■この相手・この場面
迷いや葛藤を抱えているときに子どもとの面談で。面談で保護者と一緒に。

種類
自己理解
他者理解

時間
20〜30分

リーダー
学級担任
相談担当

対象
子ども

1. 手紙を書く相手を設定する

（いま伝えたいことがあるのは…お父さん）

2. 相手に手紙を書く

とうさんへ

なぐられてから、一言も口をきいてないけど、元気ですか。
あのときは、ついひどい言い方をして、悪かったと思ってる。
けど、なぐることはないと思うよ。
あれは痛かった。

3. 相手になったつもりで，自分に返事を書く

たくみへ

手紙ありがとう。
お父さんも、ずっと気になってた。
母さんから、××教室へ行き始めたのを聞いて、本当はうれしかった。

4. 感じたこと，気づいたことを話し合う

（手紙を書いてみてぼくも父親のことあまりわかってないと思った）

■手順
・教師のデモンストレーションを聞く。
・落ち着いた静かな雰囲気をつくる。
・2〜3分間，だれに手紙を書くか考える。
・自分の決めた相手に自由に手紙を書く。必要であれば手紙を封筒に入れて封をする。
・いま書いた手紙に返事を書く。必要であれば封筒に入れて封をする。
・手紙のやりとりを3回以上繰り返す。
・感じたこと，気づいたことを語り合う。

■ねらいとなる気づきの例
・（子ども）書きたいことを自由に書いて，気持ちがすっきりしました。
・（子ども）手紙を書いてみて，自分が考えていることがはっきりしました。
・（子ども）自分もけっこうがんばっていることがわかって，自分をほめたくなりました。
・（子ども）相手の立場から手紙を書いてみて，相手の考え方がわかりました。

■展開例　ロールレタリング

場面	リーダーの指示（●）とメンバーの反応・行動（☆）	留意点
インストラクション	1. ねらいを説明する ●家族や友達など身近な人に対しては，言いたいことがうまく言えなくて，気持ちがもやもやしてしまうことがありませんか。気持ちを伝えたい相手がいるつもりで，思いっきり言いたいことを伝えてみましょう。 ●これからするのは，「ロールレタリング」と言います。レタリングというのは，手紙を書くという意味です。まず，だれに宛ててもいいので，自分で手紙を書きます。次に，自分がその手紙をもらった相手の人になったつもりで，自分に宛てて返事を書きます。 2. デモンストレーションをする ●本当は人に読んだり見せたりしないけれど，先生の手紙を少しだけ見せますね。 ●まず，お世話になった先生に書きました。「○○先生，お元気ですか？　私はいま学校でスクールカウンセラーをしています。いろいろな悩みを抱えた生徒たちとじっくり話しながら，その子たちと一緒にこれからのことを考えています」。 ●次に，お世話になった先生になったつもりで自分に書いたのがこれです。「みどりさん，お手紙ありがとう。あなたの手紙を読んで，あなたのがんばっている姿が見えるようでした」。 ●こんなふうに何度も手紙をやりとりします。直接は相手に言えないことも，手紙なら書けるかもしれません。この手紙は，だれにも出さないし，見せもしません。もちろん先生にもです。恥ずかしがらずに書いてくださいね。 ●では，みなさんもだれに書くかを決めましょう。	ここでは適応指導教室などに通う子ども，あるいは相談室や保健室に別室登校する子どもと行う場面を想定。 ●リーダー（教師）は，恥ずかしがらずに見本を示す。 ●手紙を書く相手やテーマを指定して行ってもよい。
エクササイズ	3. 課題を行う ●書きたいことを自由に書いていきます。文句や不平不満など何を書いてもいいですよ。書き終えたら静かに読み直しましょう。 ●人の手紙を横からのぞき込んで見てはいけませんよ。先生も見ません。書いた手紙を封筒に入れたい人は，これを使ってください。 ●次に，相手になったつもりで返事を書きましょう。 ●相手からの手紙に，さらに返事を書きましょう。 ●書いてみて，もし先生に読んでほしい人がいたら，その場合は先生に伝えてくださいね。それ以外の場合は，先生も絶対にみなさんの手紙は見ません。	●落ち着いた静かな雰囲気をつくる。机上は筆記用具と用紙のみにする。 ●人の手紙をのぞき見ないように伝える。 ●手紙のやりとりを3回以上繰り返す。
シェアリング	4. 感じたこと気づいたことを語り合う ●感じたこと，気づいたことを自由に出してください。 ☆お父さんにはふだん絶対に言えないことを言えた気がして，すっきりしました。 ☆お母さんの気持ちを考えてみたのは今日が初めてでした。	●発言を強制しない。口には出せない思いもある。 ●リーダーも，感じたこと，気づいたことを伝える。

出典：「気になるあなたへ」『構成的グループエンカウンター事典』，岡本茂樹「ロールレタリング」『児童心理第57巻第15号』金子書房

第4章　自己肯定感を高めるエクササイズ

■エクササイズ解説

不登校の子どもたちは，相手の気持ちを思いやりすぎて，自分の気持ちを後回しにしてしまいがちである。そのため，本当の気持ちと表面に出てくる言葉などが，一致していないことが多くなる。

書きたいことを書くと，気持ちがすっとする。書くことで気持ちを浄化することができる。書くことでストレス解消になる。

ロールレタリングは，「だれにも出さない・見せない」という約束があることによって，子どもたちは自由に気持ちを表現することができ，絶対的な安心感の下に本音を書くことができる。また，実際には相手に手紙を出さないので，日頃は言えない文句を書いても，けんかになることはない。

なお，エンプティチェア（P80）とロールレタリングは，方法は違うがねらいは同じである。

■実施上の留意点

(1)秘密を守る

「書いた手紙は絶対に出したり見せたりしない」という約束の下に進めるには，教師と子どもたちとの信頼関係が大切になる。

教師も，本人に「見ていい」と言われた場合以外は絶対に見ない。

また，「見ていい」とされた場合も，そこに書かれたことについて批判批評はしない。ただし「生命にかかわるようなこと」が書かれていた場合は，別に時間をとり，面接をしながら心の動きに寄り添うことが大切になる。

「書いた手紙をだれにも見せないで処分したか」を心配する子どももいる。そういう子に対しては，自分で小さく千切らせたり，封筒ごとシュレッダーにかけさせたり，処分する場面を実際に見せることも考えておく。

(2)自分をみつめることで，自信がつく

自分に手紙を書くことで自分自身のがんばりに気がついたり，自分の行動の意味に気がついたりできる。

また，手紙を書いた相手から勇気づけられたりほめられたりすることでも，自分に自信がつき，「自分はこれでいいのだ」と感じることができる。

(3)相手の立場に立って考える

相手の立場に立って返信を書くことで，自分以外の視点からものごとを考えることができるようになる。

また，「相手の立場に立てる」ことは，「相手を思いやる気持ちをもつ」ことにつながる。そうなると，その相手に優しくできるようになる。例えば，お母さんの気持ちが理解でき，「自分を思ってくれている」ことがわかると，子どもは「自分を理解してもらえている」とうれしく感じることができる。

実践例（エクササイズでの子どもの様子）

・（母への手紙）

「お母さん，あのときは教室に行くのが本当につらかったよ……。なのに，お母さんも先生も，みんな『がんばって行け』って言うから……。でも，お母さんが私の気持ちをやっとわかってくれて，『しばらくゆっくりしたら』と言ってくれたときは，とてもうれしかった」

・（母からの手紙）

「あなたがそんなに苦しんでいたことを知らずにごめんね。お母さんもどうしていいかわからなかったの……。いまはあなたの力を信じているからね。自分のペースでいいから。お母さんはいつでもあなたの味方だからね」

ロールレタリング

①あなたが手紙を書きたいと思う人へ手紙を書きましょう。
②相手になったつもりで，自分に返事を書きましょう。
③好きなだけ手紙のやりとりを繰り返しましょう。

　　　　　　　　　　　　　　　　　　　　　　　　　へ

　　　　　　　　　　　　　　　　　　　　　　　　　　　　　より

第4章 自己肯定感を高めるエクササイズ

私の好きなこと

住本克彦

■ねらい
「私の好きなこと」を振り返ることにより、自分自身のよさや努力している点に注目し、自尊感情を高める。また友達と好きなことを語り合う体験を通して、人間関係のよさを味わう。

■この相手・この場面
適応指導教室などの授業として。

種類
自己理解
他者理解

時間
50分

リーダー
相談担当

対象
子ども

1. 私の好きなことを紹介する

（私はイラストを描くのが好きです　もうノート10冊分もたまりました）
（知らなかったよー）

2. グループの人から質問を受ける

（どんなイラストを描いてるの？）
（絵が描ける人って尊敬しちゃうよ）
（今度私にも描いて）

■手順
・デモンストレーションとして、教師が「自分が好きだったこと」「いま好きなこと」を語る。
・ワークシートに「私の好きなこと」を記入する。
・3～4人のグループになり、「私の好きなこと」を順に発表する。1人の発表に対して、メンバー全員が1人1つずつ質問をしていく。
・感じたこと、気づいたことを語り合う。
・ワークシートに振り返りを記入する。

■ねらいとなる気づきの例
・（子ども）自分が発表したとき、人が真剣に聞いてくれて、とてもうれしかった。
・（子ども）友達の好きなことがわかったし、Aさんと同じ趣味だとわかってよかった。また今度いろいろと話したい。
・（子ども）自分が好きなことは、これからも大切にしていきたい。
・（子ども）自分もなかなかすごいんだって、思えた。

私の好きなこと

■展開例　私の好きなこと

場面	リーダーの指示（●）とメンバーの反応・行動（☆）	留意点
インストラクション	1．ねらいを説明する ●この時間は「私の好きなこと」を話したり聞いたりして，自分自身のことや友達のことをもっと知る活動をします。 ●先生から「私の好きなこと」を話します。まず，みなさんと同じ年齢の頃に「好きだったこと」は，小鳥の世話をすることでした。ジュウシマツやセキセイインコを飼って，よくその世話をしていたね。卵をふ化させたときなんかは，とてもうれしかったのを覚えているよ。次に，いまの「私が好きなこと」を話すね。大人になったいまは，我が子とのウォーキングが大好きだね。健康にもいいし，歩きながら，いろいろな話ができるから，子どもとのウォーキングが大好きなんだよ。子どもも楽しみにしてくれているしね。	ここでは適応指導教室などに通う子ども，あるいは相談室や保健室に別室登校する子どもと行う場面を想定。 ●教師が，子どもたちと同じ年齢のころの自己について語る。またそれだけでは物足りないので，いまの自分についても語る。
エクササイズ	2．「私の好きなこと」を書く ●ワークシートに，「1．私の好きなこと」「2．どうしてそのことが好きなのか」「3．そのことについて，自分ががんばったこと」を書いてください。あとで紹介してもらうので，人に言える範囲のことでいいですよ。まず10分間じっくり考えて書いてください。 3．「私の好きなこと」をグループで話し合う ●3～4人のグループになります。まず1人が自分の書いたことを紹介します。それに対して，ほかの人が1人ずつ質問して，発表者は質問に答えます。 ●質問は例えばこんな感じでします。先生が1人2役でやってみます。「どんなイラストを描くんですか」「ディズニーのキャラクターです」（へえ）。／「だれを書けますか」「ミッキーとミニーと……」（すごいですね）。／「いちばん得意なのは？」「やっぱりミッキーです」（ぼくもミッキーが好きです）。 ●質問は，相手が聞かれてうれしいと思うことを聞けたらいいですね。発表を聞くときは，口は挟まずに，相手をよく見て，うなずきながらよく聞きましょう。 ●1人の発表とグループ全員からの質問を2分で行います。終わったら次の人が「私の好きなこと」を発表します。では始めてください。	●ワークシートに記入することで，自分自身を見つめる。 ●1人1人の様子を見て，個別のフォローをする。思い浮かばない場合は，「過去の私の好きなこと」でいいとフォローする。 ●教師が，行ったり来たりしながら2役をやってみせる。そのとき，聞く態度のモデルを見せる。「それってすごいね」「とても詳しいね」と聞いてもらえると励みになる。
シェアリング	4．感じたこと気づいたことを語り合う ●グループで，感じたこと，気づいたことを話し合いましょう。 ●グループで話したことをみんなに教えてください。 ●ワークシートの「振り返り」に，先生やグループの友達から自分の発表に対して言ってもらったことや感想を書きましょう。 （例）「いろんなキャラクターの絵が描けるってすごいね」など。	●自分の人生を肯定的にとらえられるように個別の支援を大切にする。 ●互いを認め合う体験を通して，自分のよさに注目させる。

出典：「わたしのしたいこと」『構成的グループエンカウンター事典』

■エクササイズ解説

不登校の子どもは，自分自身に「自信」をなくしており，自己肯定感の低さがその特徴としてあげられる。つまり，「どうせ，自分なんか，たいした取り柄もないし，何をやってもうまくいかないし……」などと自己卑下した状況が継続している場合が多い。そんなときに，「私の好きなこと」を自分自身でフィードバックし，「そうだ，自分にはこれがあったのだ！」と実感することは，自己肯定感を高めるスタートラインに立つことになる。また，「好きなこと」を考えるのは楽しく心にエネルギーが蓄積する。まず，「～が好きな私」を自分で十分に意識化するプロセスを大切にしたい。

■実施上の留意点

(1) 「好きなこと」が思い浮かばないとき

「私の好きなこと」が思い浮かばない場合は，「『過去の私の好きなこと』をあげればよい」と支援する。人はだれでも「好きなこと」については没頭し，打ち込む内容については，かなり詳しく知っているものである。

「過去の私の好きなこと」について，それに打ち込んだ思い出や，自分なりに努力したことや工夫したことを振り返らせることで，自己肯定感を高めることにつなげていく。

(2) メンバーの発表を受け止めること

「私の好きなこと」でも「過去の私の好きなこと」でも，発表者が言ったことについては，絶対にけなしたりしてはいけないという約束をする。リーダーは，エクササイズに入る前に「その人が言ったことはその人の人生そのものであること」などを指導しておきたい。

(3) 1人1人を積極的に支持する

教師は子どもたちに対して，「それってすごいね！」「よく知っているね！」「もう少し詳しく教えてほしいね！」等の支援を介入の中心としたい。他者からのポジティブなフィードバックを受けて，不登校の子どもは，「自分にも，他人に教えられることもあるんだ！」「実は自分もいいところがあったのだ！」「いまのままの自分も案外すごいところをもっているんだ！」などのように自己肯定感を高めていくのである。

実践例（不登校支援施設で）

筆者（住本）は，何度もこのエクササイズを体験することで，多くの子どもたちが，自分自身のよさや努力点を振り返り，自信を回復していく様を目撃してきた。不登校を経験した子どもたちは，「こんなことを言ってみんなに笑われたらどうしよう……」などと，自信をもって自己表現できない場合が多い。リーダーや級友のあたたかい励ましの言葉によって自分を表現できたこと，そのような行動がとれた自分自身に，自尊感情を高めていく。

私の好きなこと

\<インストラクション\>
「私の好きなこと」を話したり聞いたりして，自分自身のことや友達のことをもっと知ってみましょう。自分の「好きなこと」には，くわしかったり得意だったりするよね。「好きなこと」を通して，その人がいっそうわかるようになるよ。ではまず，先生の好きなことの話を聞いてね……。

\<エクササイズ\>

1　「私の好きなこと」を書きましょう。
　　※思いうかばないときは，「過去の私の好きなこと」でもいいよ。

> （例）「私の好きなこと」は，イラストをかくことです。

2　「どうしてそのことが好きなのか」を書きましょう。

> （例）イラストをかいていたら，いやなこともわすれるからです。

3　そのことについて，自分ががんばったことは何ですか。

> （例）ディズニー作品のほとんどのキャラクターのイラストをかけることです。

\<シェアリング\>
　感じたこと気づいたことをグループで話しましょう。

\<振り返り\>

1　自分が発表したあと，先生やグループの友達からもらった言葉を書きましょう。

> （例）いろんなキャラクターの絵がかけるってすごいね。

2　エクササイズを終えて，どんなことを感じていますか。

> （例）「自分もなかなかやるなぁ！」と思いました。

> 先生からのコメント：

第5章

再登校に挑戦する
エクササイズ

再登校に挑戦する段階とは

山下みどり

　学級担任と不登校の子どもに積極的によい関係がきずかれている，子ども自身の復帰の意欲も高まっているなど，条件が整えば再登校に結びつく。

　だからといって，ここで無理をさせてはいけない。この段階にくると，これまで学校へ行けないことに理解を示していた親でさえも，子どもに早く登校するように迫ってしまうことが多くなる。「ここがんばりどころ！」と力が入る。そうすると，子どもはプレッシャーを大きく感じ，不安が高まる。そのような状態でもし再登校チャレンジが失敗すれば，子どもの傷は，いままで以上に深くつらいものになってしまう。

　この段階は，これまで以上に細心の注意をはらって対応することが必要である。

不登校の子どもは適応過剰：YESを鵜呑みにしない

　復帰に向かう段階の子どもには，周りに流されずに「自分自身を打ち出す」気概が必要になる。例えば，担任や親と，「今日は2時間目と3時間目だけ相談室に登校する」と約束をして登校した高校生2年のAさん。担任の先生は，相談室に無事に登校できたAさんの姿を見てとても喜んだ。そして，相談室で調子よさそうに課題に取り組むAさんに，つい言ってしまった。「せっかく来たのだから，最後まで（相談室に）いないか」。Aさんは提案を受け入れ，その日は終業まで相談室で過ごした。しかし次の日から，相談室にAさんの姿はなかった。

　☆Aさん　「約束が違う」「ずっと相談室にいたから，疲れ果ててもう行きたくない」
　　　　　　「また次も最後までいろって言われる」「やっぱり私はだめな子だ……」
　☆担任　「つい口に出てしまった……」「でも，少しでも長くいたほうがAのため」
　☆保護者「今度こそがんばってくれると思ってたのに……」

　では，どうすればよかったのか？　この場合，Aさんが無理をせずに，「約束が違います。今日は3時間目までの約束です。だから帰ります」と，言えるとよかったであろう。そのためには，再登校で起こるいろいろな事態を想定し，周りからいろいろ言われた場合に対する答えをあらかじめ考えておくことも，1つの方法である。

　「私のお願いを聞いて」（P108）などのエクササイズで，自分の気持ちを主張することを，子どもと練習しておきたい。

急ぎすぎないこと：人間関係を広げることもステップに入れる

　段階的な登校の仕方などについても，保護者と学校で勝手に進めるのではなく，きちんと子ども本人と話し合って決めることが大切である。次は，小学生のBさんの計画例である。
・再登校初日は，お母さんと一緒に，放課後，教室にだれもいなくなってから登校する。そのときに，靴箱の場所や教室の座席，教室までの道順などを確認する。
・2日目～4日目は，放課後，お母さんと教室に登校し，自分の席に座る。その後もスモールステップで焦らず進めていく。
・21日目，放課後，仲のよい友達と話をする

　このように，徐々に子どもの人間関係をつくっていくことも視野に入れて，スモールステップの再登校計画をつくっていく。人目が気になる子どもには「何人が私をみているか」（P100）のエクササイズを行ったり，保護者や教師から子どもへのかかわり方を，「禁止する」（P96）や「10時30分の廊下で」（P104）のエクササイズで練習したりする。

自己肯定感を高めていく

　「やれた」ことが子どもに少しずつ確実に増えていくように，スモールステップで計画を進めていく。少しでも無理が見えたら，周りがストップをかける。「もう少しでできたのに」という悔しさが，子どもの意欲を持続させることにつながる。

　またこのとき，不登校の自分（過去）を否定して消し去るのではなく，そんな自分の弱いところも含めて，自分をまるごと好きになれるようにしていくことが大切である。

　再登校は，焦らずたゆまずゆっくりと進めていく。よい時，悪い時など，波がありながら進んでいくことを念頭に置いておくと，子どもに無理をさせないことにつながる。

学校や学級の受け入れ体制を整えておく

　日頃から学級の子どもたちのリレーションづくりをしておくことは，不登校の子どもがいるいないにかかわらず，大切なことである。SGEはリレーションづくりに最適な手法である。新たな不登校の予防にもつながる。

　また担任は，不登校の子どもがいつ登校して来てもいいように準備をしておくことが大切である。子どもが急に教室に入ると言ったとき，本人の机が整理されていなかったり汚れていたりしては，学級に居場所がないことになる。

　いつからどんな形で登校するかが決まったら，学校の他の先生方や学級の子どもたちにも，きちんと説明しておくことが必要である。

第5章　再登校に挑戦するエクササイズ

禁止する
―登校刺激のコツ―

川端久詩

■ねらい
学級復帰を前に，保護者や担任が焦って，子どもに無理をさせることがよくある。ゴール目前の失敗を防ぐために，ブレーキをかける大切さと，あえて禁止する方法に気づく。

■この相手・この場面
登校訓練準備段階に保護者との個別面談で。不登校対応の研修会で。コーディネーター等が学級担任に。

種類
自己理解
他者理解

時間
50分

リーダー
学級担任
相談担当

対象
保護者

【子どもへのブレーキのかけ方を共有する】

「やめていいよ」と「やめなさい」ではどんな感じがしましたか？

「やめなさい」とか「ダメだよ」と言われると「もっとやれるのに」という気持ちになります。でも，子どもはどうでしょう

よく来たね　でも今日はここまでだよ

う、うん

〇〇中学校

本当はもっと行けたのに…

よかったわ　無理は禁物ね

ウン　ウン

■手順
・登校訓練でよくある失敗について説明する。
・子どもにブレーキをかけるときの2つの言い方「しなくてもいいんだよ」と「してはいけないよ」について，ロールプレイで体験する。
・感じたこと，気づいたことを語り合う。
・ブレーキをかけたときの子どもの様子を，バロメーターとして見ていくことを保護者と確認する。

■ねらいとなる気づきの例
・（保護者）担任の先生にそう言ってもらえると，本当にうれしいのに，自分では子どもに対して「怠け」だとか「逃げている」と思ってしまうことがどうしてもあるんですよ。
・（担任）子どもにどうかかわったらよいかわかって，これでいいんだなと安心しました。

■展開例　禁止する―登校刺激のコツ―

場面	リーダーの指示（●）とメンバーの反応・行動（☆）	留意点
インストラクション	**1. ねらいを説明する** ●お子さんが「教室に行ってみる」と言っています。でも，焦りは禁物です。いまがいちばん慎重さの必要な時期なのに，私たちは子どもがつらかったころのことを忘れて，「ここが勝負だ。がんばらせよう！」と力み，着陸間近にアクセルを踏ませて子どもを激突粉砕させてしまう場合が多いんです。いまはアクセルよりも，上手にブレーキをかけることのほうが実は大切なんです。それで徹底しておきたいのですが，お母さん，お父さんのいまの心境は，ブレーキですか，アクセルですか。 ☆そうなんです。夕飯時に「ここががんばりどころだよ！」と気合いを入れたら，急にピリピリして部屋に行ってしまいました。わかってはいるつもりでも，動揺する子どもを見るとイライラするのです。 ●つい気合いが入っちゃったんですね。それがわかってよかったです。ここは，ブレーキでいきたいんです。登校訓練では，お子さんがすくんだ時には無理に引っ張りません。子どもの気持ちを理解するために，ちょっとやってみましょう。	ここでは登校訓練に向けた保護者との面談場面を想定。 ●担当者と担任でロールプレイを練習してから，保護者と面談する。 ●いままでの対応がうまくいったのは，「学校がつらい」という子どもの気持ちを大人が認識できていたからである。もう一度，不登校のとらえ方をチェックする必要がある（2章参照）。
エクササイズ	**2. 「禁止」のロールプレイをする** ●通学の途中で進めなくなった子どもに，私が担任役で声をかけます。お子さんになって返事をしてください。2パターンやります。 ＜パターンA＞ 教師「どうしてもだめだったら，いやだったら無理しなくていいよ」 母親「（例）いまさら何言ってるんだ。来いって言ったのは先生なのに。行かなきゃいけないのに行けない。こんな私はダメだ」 ＜パターンB＞ 教師「無理しちゃいけません。これ以上やりたいだろうけれど，君のことだからやったらできるだろうと思うけど，これはリハビリだから無理はだめだよ。今日はこれ以上は禁止。やっちゃだめだよ」 母親「（例）ええ，だめなの？　悔しい。私は行きたいのに先生がとめるから。やればできるのに。行こうと思ってるのに。	●子どもは，身体がすくむが気持ちは行きたいという不一致に悩んでいるので，行動を禁止することで，逆バネを働かせる。ここが限界だなと思ったところで，引っ張らずにただちに「禁止する」。 ●保護者には子ども役を体験してもらう。「子どもの気持ち」をできるだけセリフとして言語化させる。
シェアリング	**3. 感じたこと気づいたことを語り合う** ●感じたこと，気づいたことをお話しください。 ☆Bは，ホントに不思議ですけど，よけいにやりたくなりますね。でも，禁止したら，子どもは本当にやらなくなっちゃうんじゃないかと。そういう不安な気持ちもあります。 **4. これからの登校訓練の意味と目的を伝える** ●学校ではこのような方針で子どもさんに接していきます。家に帰ってからのお子さんの様子も教えてください。もし，「もっとやりたい」ではなく，家に帰ってほっとしてるようなら，登校訓練は急ぎすぎかもしれません。バロメーターとして様子をみていきましょう。	●子どもの気持ちを語りながら，自分の気持ちに生じる「いま，ここの感情」を語る。 ●納得したり安心したりする場合は訓練の時期尚早。 ●その後の様子を聞くことを確認し，面談を終了。

出典：花輪敏男「不登校対応チャート」再登校の段階を元にエクササイズ化。

第5章　再登校に挑戦するエクササイズ

■エクササイズ解説

　子どもが教室に行きたい気持ちになると，いよいよ登校訓練が始まる。この時期に来ると，周囲の大人は子どもの不安をよそに背中を押してしまいがちである。待つことを大切にしてきた保護者でも，再登校を前に，急に気合いを入れてしまうことがある。このような態度の変化は一貫性に欠け，子どもの不信や恐怖感をあおり，プレッシャーとなる。子どもに負荷をかけないようにして，次回もモチベーションを高めて取り組めるように行うことが大切である。

　また子どもの多くが登校訓練では「（不登校になる以前と同じように）朝からふつうに教室に行き，1日過ごしたい」と言うが，これは「目立ちたくない」「何事もなかったかのようにそっと教室にいたい」という気持ちからであり，それが強い子ほど，自ら無理なハードルの高さを設定している。

　この段階で失敗させてしまうと，子どもの傷つきは登校訓練の前よりもさらに大きくなり，ゴール直前まで来て復帰を完全にあきらめる場合が多い。限界までやらせないように，子どもを支える姿勢と方法を周囲で確認しておく。

■実施上の留意点

(1)「禁止」されるとモチベーションが高まる
×「～でなくてもいいんだよ」
　このように声をかけられても，本人は納得することができない。むしろ「本当は～しなくてはいけないのに」という思いが強まる。
○「～してはいけない」
　はっきり禁止されると，「先生が止めたから仕方なくやめた」となるので，子どもの名誉が守られる。「先生のせい」にすることで心理的な余力を残し，「本当はもっとやりたかったのに。できたのに」と，次回のチャレンジに向けたモチベーションが高まる。

　登校訓練で，気持ちは「行きたい」のに身体が「すくむ」ようなことがよく起きる。すくんだその場所が，いまの子どもの限界点を示すバロメーターである。そのとき周りが「禁止する」「ブレーキをかける」ことで，「もっとできたのに」「もっとやりたい」という逆バネの気持ちが本人に強まっていく。

(2)予定外のことは必ず起こる

　登校訓練の中では，子どもにとって予定外のことが必ず起こる。例えば，どの道やどの廊下を通ればあまり人目につかずに教室へたどりつけるか，入念にイメージトレーニングしたのに，実際にはいつどこをどう通っても人目についてしまう。子どもには，変化に対応する余裕も柔軟性もない。時間割変更など，急な予定変更に対応することも苦手である。こちらは臨機応変な対応だと思っても，子どもからすると予定変更は「いいかげん」，滞在時間の延長は「裏切り」「だました」となる。

　これほどに子どもは過敏なのである。負担をかけないようにする配慮が必要である。

実践例（エクササイズ後の母親の感想）

　A子は学校の正門の門扉まで来ると，足がピタリと止まる状態が1週間ほど続いていました。そのたびに，担任の先生から「これはリハビリだから，無理はやめよう。これ以上はやっちゃだめだよ。今日はここまでね」と言われ，「悔しい。もっとできたかも。行きたかった」って，家に帰ってきて言うんですよ。どうみても限界という感じなのに……。学校をひどく怖がっていたあの子が，毎日挑戦を続けるだけですごいのに，こんなこと言うようになるなんて，信じられません。

禁止する
―登校刺激のコツ―

花輪敏男「不登校対応チャート」再登校の段階より

<インストラクション>
学級復帰への意欲も高まってきたけれど，同時に不安も高まっている子どもに，「ここでがんばらなくてどうするの！」など，保護者や教師がよけいな緊張を駆り立ててしまう場合も往々にしてあります。
登校訓練は，無理をせずに一歩一歩進めていくことが大切です。
そのために，周りがアクセルではなく，ブレーキを上手にかけてあげることが大切です。

<エクササイズ>
教室へ行きたい気持ちがあるけれども，「不安だ，怖い」という気持ちも高まっている
子どものいまの気持ちになって，担任A・Bにセリフで返してください。
担任からどう言われたほうが納得がいくでしょうか。

　　場面　あなたは，通学の途中で，これ以上前に進めなくなってしまいました。

担任A	「どうしてもだめだったら，いやだったら，無理しなくてもいいんだよ」
あなた	＿＿＿＿＿＿＿＿＿＿＿＿＿＿＿＿＿＿＿＿＿＿＿＿＿＿＿＿＿＿＿＿＿＿

担任B	「無理はしちゃいけません。だから，これ以上やりたいと思っているだろうけれど，君のことだから，やったらできるだろうと思うけれど，でも，これはリハビリだから，無理はだめだよ。今日はこれ以上は禁止。やっちゃだめだよ」
あなた	＿＿＿＿＿＿＿＿＿＿＿＿＿＿＿＿＿＿＿＿＿＿＿＿＿＿＿＿＿＿＿＿＿＿

<シェアリング>
ロールプレイをしてみて，感じたこと・気づいたことを語り合いましょう。

Aに対する返答例　「いまさらなんだよ。来いって言ったのは先生じゃないか。行かなきゃいけないのに。こんな自分はダメだ」
Bに対する返答例　「ええ，だめなの？　悔しい。もう少しやりたいな。本当は行きたいのに。先生が止めるから。やればできるのに。行こうと思ってるのに」

第5章　再登校に挑戦するエクササイズ

何人が私を見ているか
―「他人の視線が気になる」の克服―

川端久詩

■ねらい
登校訓練の段階にあり，遅刻して登校する子どもが，通学路を歩く際に「道行くすべての人が自分を見ている」と強迫的な状態になり，恐怖が強まる場合に対応する。

■この相手・この場面
「道行く人が見てきていやだ」と訴える子どもに。不登校対応の研修会で。コーディネーター等が学級担任に。

種類 自己理解
時間 50分
リーダー 学級担任
対象 子ども

1. 登校訓練の中で困っていることを明らかにする

   担任／母親「学校に行く途中みんなが自分を見ると言って荒れてしまって…」

2. すれ違う人，自分を見ている人の数を調べることを課題にする

   「間違えないように正確に数えて報告してね」／「ハイ」

3. 登校中は課題に集中させる

   「ひとり目　こっち見てないや」

4. 毎回，子どもからの報告を受ける

   「今日は五人だった　べつに僕のことは気にしてなかったみたい」

■手順
・登校中にすれ違う人，自分を見ている人の数を調べることを課題にする。「正確に」「間違えないように」数えるよう念を押す。
・登校訓練の予定時刻に，子どもと決めた場所で教師が子どもを待ち，登校するたびにねぎらう。
・自分を見ていた人が何人いたか，報告を受ける。
・感じたこと，気づいたことを語り合う（例えば，緊張が薄れてきている様子なら，それを伝えると本人にとってよいモニタリングになる）。

■ねらいとなる気づきの例
・（保護者）あれほど過敏になっていたのに，「今日は何人だった」と，（人数をメモする）ノートを忘れずに持って行きます。おっかなびっくりですが，登校訓練が続いているので，うれしいです。
・（子ども）僕が何をしていたって，そんなに人目につかないんだとわかってきました。ちょっと楽。

■展開例　何人が私を見ているか—「他人の視線が気になる」の克服—

場面	リーダーの指示（●）とメンバーの反応・行動（☆）	留意点
インストラクション	**1. ねらいを説明する** ☆（保護者からの話）学校へ行く道すがら，お年寄りに「これから学校かい？」と声をかけられて，「昼からなんて怠けてるって思われた！　もうだめだ！」と言って荒れていました。「道を歩いている人はみんな僕のことを見る」と言う場合もあります。「気にするな」と言っても，よけいにいらだって，気休めにもなりません。 ●○○くん，お母さんから聞いたけど，困ったね。それじゃ，こうしよう。実際にはどのくらいの人が君を見ているのかを調べてみよう。それから君を見ている人が，君のことを「困ったヤツだなあ」という目つきで見ているのかどうかということも探ってみよう。	ここでは登校訓練中に視線恐怖を感じる子どもを想定。 ●「せっかく本気で取り組もうとしているのにつらいよね。それにしても君はたくましくなったね。どうやったら学校に行けるか実際に悩むようになったのだから」と，つらい気持ちを受容する。
エクササイズ	**2. 課題を伝える** ●学校に来るまでに，道ですれ違った人数と，そのなかで「困ったやつだ」と君のことを見たと思う人数を数えてみよう。人数は数え間違えたら意味がないんだ。だから，間違えないように，正確に数えてきてね！ ●人数は毎回報告してね。先生は，どこで待っていたらいいかな。 ●じゃあ，校門の脇のポストのところで，先生立って待っているね。	●過敏な状況の子どもは正確さにこだわることを利用する。 ●この段階の目的は教室に入ることではないので，学校に着いたらすぐねぎらい，下校させる。
シェアリング	**3. 感じたこと気づいたことを語り合う（翌日以降）** （1日目） ●今日，通学路を歩いてみて，いまどんな感じかな？ ☆小学校が下校時間でわりとたくさん会っちゃった。黄色い帽子だから1年生かな。42人とすれ違って，35人に見られた。まだ気になるけど，明日もやってみる。 ●よく冷静に観察してるね。初日にしては上等だ。いいねえ。 （2日目） ☆今日は時間をずらしたから，あまりすれ違わなかった。学生服を着てる人とバッタリ会って，ビビってぼくは隠れちゃったけど，こういう人は僕だけじゃないんだとちょっとホッとした。 （数日後） ●前に声をかけてくれたおじいさんのこと，いまはどう？ ☆あのおじいさんも，悪気はなかったんだ。あのときは「何でいちいちよけいなこと聞くの？　そっとしておいてくれよ」って思ってすごく腹が立った。いまは，あの人は悪気はなかったんだと思える。おじいさんだから，きっとヒマなんだ。 ●「どうして関係ないヤツまでがオレのじゃまをするんだ！」と君はとても悔しそうだったね。あのとき君は本当に学校に来たいんだな，この決意は本物なんだなと思ったよ。 ●君はこれだけのピンチをよく乗り越えたねえ。君がとてもたくましくなって，先生はすごくうれしいよ。自慢の教え子だよ。	●子どもが課題にしっかり取り組み，状況を細かく覚え，観察できているのは，インストラクションが活きている証拠。子どもはこのくらい過敏なものだと，教師が認識を新たにして接してあげると理解が深まる。 ●行動と認知が拡大すると不安が減少し，自信がつく。 ●ねぎらいを多用する。 ●多くは子どもから「もう，大丈夫」と言ってくるので，そこで終結する。こちらから終結を意識させると逆に不安が高まる場合があるので注意する。

参考：花輪敏男「不登校対応チャート」積極技法の段階

■エクササイズ解説

「学校に行ってみようか」と思い始めても，久々に動き出すとなると不安も強く，自信がない。そのため，「通学路ですれ違う人がみんな『なぜこんな時間に歩いているのだろう』『なぜ，こんなに頻繁に遅刻するのだろう』という眼差しで見てくるにちがいない。そのことが耐えられない。だから，やっぱり学校に行くのは無理だ」と子どもが訴えてくることがよくある。また，実際に学校に来てみてからそう言い出す子どももいる。

その様子は，神経症的（神経症ではないが，過敏で神経質）に見え，対応するのにもとまどいを感じるときがある。そんなときの対応の方法を，本人と保護者に具体的に提示する。

■実施上の留意点

(1)「気にするな」は逆効果

× そんなことは気にしてはいけない
　→ 気になるから困っている。
× 慣れるから，気にしなくていいんだよ
　→ どんどん不安が強くなる。

(2) 上手に不安をそらす

生真面目な子どもほど，きちんとものごとを成し遂げたいと思うので，できないときの傷つきが大きくなる。第三者から見れば，とるに足らないような失敗体験で，学校に来ることができなくなったケースはたくさんある。その生真面目さやこだわりをうまく利用して，課題に集中させることがとても大切になる。「人数を数え間違えたら意味はないんだ。だから間違えないように，正確に数えるんだよ！」と，正確に数えることを強調するなどして集中させ，課題への注意を促す。

(3) 人数を確認する

子どもが学校に着いたら，必ず人数を聞く。最初は，かなり多くの人が自分を見ていると答える。このとき，「すれ違う人たちはあなたのことをどう見ていると思うか」も必ず聞く。これを繰り返すと，ほとんどは数回で，「もう視線が気にならなくなった」と言うようになる。そうなったら，終了する。

(4) 担任とのかかわりを深める

子どもと学級担任が共にこのエクササイズに取り組めるということ自体が，両者のかかわりが良好であることの証である。ここまできたら，この後に控えているのはいよいよ教室へのチャレンジになる。

教室復帰は学級担任と子ども本人の信頼関係の証である。子どもは自分の抱える不安を担任の先生に共有してもらえてはじめて信頼を寄せる。「あの先生が待っていてくれる」から学校に行くのである。教室は子どもにとっていちばん怖くて，緊張感の高まる場所である。だからこそ，いちばんの理解者のあたたかい眼差しと支えなくして教室に入ることはできない。担任の先生をめざして登校訓練する子どもをしっかりとその場でねぎらうことが大切で，それが子どもの次の自信や勇気になり，エネルギーやモチベーションを育てることになる。

実践例（シェアリングで子どもが語った内容）

そんなにだれもが僕のことを気にしていないことに気がついた。お昼すぎに学生服で歩いていても，そういう人は僕だけじゃなくて，ほかにもいた。それに，人はすれ違ったら，ちらっと見るくらいは当たり前のことなんだと思った。僕だって，すれ違う人のことを見ているんだし。みんなが僕のことにまで，いちいちかかわるほどヒマじゃないんだなと思った。

何人が私を見ているか
―「他人の視線が気になる」の克服―

花輪敏男「不登校対応チャート」積極技法の段階より

<インストラクション>
学校へ行くとちゅう，実際にはどのくらいの人があなたを見ているのか，調べてみよう。
それから，あなたを見ている人が，あなたのことを「こまったヤツだなあ」という目つきで
本当に見ているのかどうかということも探（さぐ）ってみよう。

<エクササイズ>
①学校へ来るまでに，「道ですれちがった人数」を，正確（せいかく）に全員数えてください。
②その中で，実際にわずかでも「こまったヤツだ」という目つきで
自分のことを見たと思う人を，数えてください。
③表に，必ず人数や日にちを記入します。

日にち	月　日	月　日	月　日	月　日	月　日	月　日
すれちがった人数						
あなたを見た人数						

**人数を数えまちがえたら意味がありません！
だからまちがえないように，正確（せいかく）に数えてください！**

<シェアリング>
学校に着いて，先生に会ったら，人数を報告（ほうこく）します。
人数を数えながら登校してみて，いまはどんな気持ちがしているかな。
感じたこと，気づいたことを話してみて。

<監修者付記>
このエクササイズで人目を気にしなくなる理由は，次のように考えられる。
(1)人が見ているという事実はあまりない。自分の不安は事実に基づかないものだと気づく（論理療法）
(2)人の視線を数えることに注意を集中すると，人目を気にするゆとりがなくなる（行動理論）

第5章 再登校に挑戦するエクササイズ

10時30分の廊下で
― ペーシングとミラーリング ―

川端久詩

■ねらい
不適応の子どもが示す一見理解しがたい行動（固まる，黙る，殻にこもる，やたらとよい返事をするなど）の意味を，ペーシングとミラーリングを使って理解し，対応を学ぶ。

■この相手・この場面
再登校の受け入れに際して，あらかじめ学級担任と子どもにかかわる教師が行う。不登校対応の研修会で。

種類
自己理解
他者理解

時間
50分

リーダー
相談担当

対象
教師

登校訓練中の子どもが10時30分ごろ遅れて学校へやってきました

- じっと固まって動かない
- 限界に近い
- 不登校だったとは思えないさわやかな笑顔

この子にどんな一言をかけますか？

これらは子どものSOSのサインです
言葉でなく，子どもの身体表現を手がかりに理解してあげましょう

| ペーシング | …子どもの呼吸に合わせてみる |

| ミラーリング | …子どもの動作，表情，口調などをそっとまねしてみる |

■手順
- 欠席や遅刻が増えてきた子ども，学級復帰をめざして登校訓練中の子どもを想定し，ペーシングとミラーリングを説明する。
- 2人組になり，ペーシングとミラーリングを体験する（エクササイズ①）。
- ワークシートの2つの場面から状況を選んで，ペーシングとミラーリングを使ったロールプレイをする（エクササイズ②）
- 感じたこと，気づいたことを語り合う。

■ねらいとなる気づきの例
- （教師）あの子がここに立っているだけでも，どれだけ大変な思いをしているかを，自分の身体を通して確かに感じました。こうなるとむしろ言葉に頼るほうが，不確かな感じさえしますね。
- （子ども）遅刻より休むほうがましだったので，そっと声をかけてくれて，ほっとしました。
- （子ども）このごろ学校に来るのがすごくつらいので，それがわかってもらえて救われた感じです。

■展開例　10時30分の廊下で —ペーシングとミラーリング—

場面	リーダーの指示（●）とメンバーの反応・行動（☆）	留意点
インストラクション	**1. ねらいを説明する** ●いままで出会った不登校の子どもを思い浮かべてください。何か聞き出そうとしても，うんともすんとも言わない子。返事はいいけれど約束を守れない子。こんなふうに肝心なときほど気持ちを表さないために，「どう感じているかわからない」「どう対応してよいかわからない」「かかわりにくいなあ」ということがありませんでしたか。あるデータによれば，不登校の子を担任したときに抱く教師の感情の1位は「憂鬱」だそうです。 ●子どものわずかな言葉を手がかりにしようとすると，我々は対応に窮してしまいます。そして，かかわりにくい子どもだと感じてしまいます。そこで，子どもの身体から発するあらわれやあらわしを，教師が自分の身体で感受し，子どもと同調性を高め，理解を深めていけるよう，「ペーシング」「ミラーリング」という方法を用います。ペーシングとは……。ミラーリングとは……。	●ここでは教職員を対象にした不登校対応の校内研修会を想定。 ●窮したときの子どもの言葉は少ない。多言の場合も，適応過剰ゆえに教師の意に添うことを言って，よけいに自身を追い込むことがよくある。 ●ワークシートを使って説明する。
エクササイズ	**2. ペーシングとミラーリングを体験する〈EX1〉** ●いままでに対応に苦慮した子どもの様子を，ペアを組んだ相手の先生に伝え，その子どもになってもらって，その表す様子をそのまま演じてもらってください。その姿に，担任は1分間ずつペーシングとミラーリングをしてください。 **3. 場面に応じたペーシングとミラーリングを体験する〈EX2〉** ●さきほどの子どもが，10時30分になって，所在なげに遅刻して登校してきました。あなたは，たまたま廊下で出会いました。その子どもにどう対応しますか。ケース1と2のどちらかを選んで，ペーシングとミラーリングを生かして，1分間対応してください。	●2人1組で交互にロールプレイする。 ●ペーシングはあらゆる場面でどんな子どもにも応用できる。 ●そうは見えなくても，子どもには何らかの感情がある。それをつかみ言語化する。感情は「〜だったんだね」と過去形で語る。
シェアリング	**4. 感じたこと気づいたことを語り合う** ●子どもと呼吸や動作を合わせてみて，どんなことが起こりましたか。 ☆あの子の腕や肩，背中がこわばっているのをまねしたら，すごく力んで肩や背中が凝りました。びっくりしました。息づかいが浅いのは緊張していたからなんですね。とても息苦しかったので，ギリギリのつらい状況でがんばっていたんだといじらしく感じました。 ☆困った子だなあと思って「見」ていましたけど，こんなにがんばっているんだということが「見え」てショックです。この子は担任の私にさえ，だれにもわかってもらえずにつらかっただろうなあと。 **5. ねぎらいにつなげる** ●ペーシングやミラーリングで感情がつかめたら，「ああ，怖かったんだねえ」などと言語化してあげると，子どもへのねぎらいになります。子どもに対する同調性が高まると，自然とねぎらいができるようになります。	●ねぎらいについては，ねぎらいのイエスセット（P60）参照。

出典：Milton.H.Ericksonペーシング，ミラーリングを元にエクササイズ化。筆者は横浜国立大学准教授堀之内高久先生の授業でペーシング，ミラーリングのトレーニングを受けました。敬意と感謝を表します。

第5章　再登校に挑戦するエクササイズ

■エクササイズ解説

不適応を起こしている子どもが，教師に理解しにくい行動をとる場合がよくある。これは子どもにとって「万事休す」のサインであり，本人もどうしてよいかわからなくて対応に窮している。しかし，教師は子どもに何が起こっているのかを理解できず，聞いても答えないために，混乱してとまどい，イライラして叱責するなど不適切な対応をしてしまうことが多い。

言語に頼らず子どもの内的な世界を理解するために，「いま，ここ」の子どもの表象をとらえて，自分が子どもそのものになってみる方法が，ペーシングとミラーリングである。

■実施上の留意点

(1)理解・対応しにくい子どもの行動の例

①無表情・心を閉ざす（回避反応）

　例：体はここにいながらも，心は自分の殻の中に入り込んでしまって，「うん」でも「すん」でもない反応。話しかけても応じない。

②限界に近い状態

　例：明らかに沈痛，深刻，つらそうな表情で，こちらが話しかけにくいほどの場合。

③緊張が強い状態（過緊張）

　例：教室の入り口で固まって動けない。

④状況に合わせ無理をする（適応過剰）

　例：やたらと笑顔で，できない約束にさえ「はい」といい返事をしてしまい，あとでよけいに自己嫌悪に陥り不適応を深める。

(2)教師自身のもつ価値観との衝突

(1)のような行動をとる子どもは，教師には，はっきりしない，わがままだなどと見え，冷淡に接したり，イライラして怒鳴りつけたりするなどの対応が，残念なことに日常的に数多く見受けられる。

教師にこのような感情が起こるのは，「人間は弱くてはだめだ」「強くあらねばならない」などの自身のビリーフ（信念）が，目の前の不登校の子どもの様相とぶつかるためである。人は，常日頃，そうした自分のビリーフや自己受容度に依拠した感情に左右されて振る舞っている。教師は，自分がどういうビリーフや感情に基づいているかに気づき，(1)のような状況で子どもへの不適切な対応をしないように備える必要がある。

(3)理解するだけでなく，ねぎらう

ペーシングやミラーリングで本人のつらさを理解したら，ねぎらいのイエスセット（P60参照）でねぎらいの言葉をかけて子どもと関係づくりをしていく。また，無理していることに気づいたら，これ以上の活動を続けさせずに，周りから禁止してあげる（P96参照）。

実践例（ペーシングを使った例）

長い不登校を経て適応指導教室の見学に来た男子は，過緊張から首から肩腕までが棒のように一体化して肘関節が吊り上がり，歩行の際は両腕が同時に動いていた。背中が硬く，呼吸は浅く，速く，目はつり上がっていた。

そこで，背中に手を当てながら，「君，こんなに背中が硬く張るほどがんばってここまで来たんだね。よく来たねえ。大変だったねえ」と言うと，初めて安心して，思わず「ふーっ」と聞こえるくらいの大きな音で長い息を吐き，同時に力が抜けて両肩が落ちた。

「そうそう，それでいいよ。ほっとしてくれたんだね。君は本当は何とかしたいと思っているんだよね。もうこのままじゃいやなんだよね。君，苦労したねえ。これからは何とかしたいんだよね。もし君がよかったら，大歓迎するよ。ただし，自分で決めるんだ。待ってるよ」とねぎらい，短時間で見学を終えた。

10時30分の廊下で
―ペーシングとミラーリング―

<インストラクション>
子どもそのものになってみることで，子どもに何が起こっているのかを，
自分の身体を通して感受・理解し，子どもとの同調性を高めます。

> **ペーシング**とは，「ペース（心拍・呼吸）を合わせる」ことに由来します。目の前の子どもの内的な世界を理解するために，呼吸・息づかい（速いかゆっくりか，浅いか深いか）を合わせてみます。
> これにあわせて，**ミラーリング**を行います。本人に気づかれないように，a～fのような動作を合わせ，「いま，ここ」の子どもの身体のあらわれを，そっくりそのまま自分でまねしてみます。
> a　視線：前向きか，伏し目か
> b　表情：明るいか，暗いか
> c　声のトーンや大きさ：高いか低いか，大小
> d　話すスピード：速いか，遅いか
> e　動作：遅いか速いか，大小
> f　身体の感じ：自然か不自然か，力んでいるかリラックスしているか

<エクササイズ1>　ペーシングとミラーリングの体験
①2人組になり，担任役と子ども役を決めてください。
②担任役は，これまでにあなたが出会い，対応に苦慮した不登校の子ども（いま特に印象に残っていて，ここで取り扱いたいと思う子ども）とのワンシーンをモデルとしてイメージしてください。
③子ども役の先生に，②で思い浮かべた子どもの様子をそのまま演じてもらってください。
④担任役は，その姿に1分間，ペーシングとミラーリングをしてください。
⑤役割を交換し，新しい担任役が思い浮かべる子どもの様子について，ペーシングとミラーリングをしてください。

<エクササイズ2>　場面に応じたペーシングとミラーリングの体験
①ケース1とケース2のどちらをロールプレイするか，下記から選んでください。
②子ども役はエクササイズ1と同じ設定です。担任役は気づかれないようにペーシングとミラーリングを行い，感じたこと・気づいたことをイエスセットしながら子どもに対応します（イエスセットはP60参照）。
③1分間たったら役割を交換して，再び同じように行ってください。

> **ケース1**：あなたのクラスで学校不適応が進み，遅刻・早退・欠席が多くなってきたAさん。あなたは10時30分ごろ，廊下を伏し目がちに所在なさそうに歩いているAさんを見かけました。

> **ケース2**：あなたのクラスで不登校中のBさんが，久しぶりの教室復帰に向けて登校訓練を行っています。あなたは10時30分ごろ，緊張して，無表情で，いまにも固まりそうなBさんと廊下で出会いました。

<シェアリング>
実際に自分が子どもになってみると，どんなことが起こりましたか。
感じたこと気づいたことを2人組でシェアリングしてください。

第5章 再登校に挑戦するエクササイズ

私のお願いを聞いて

■ねらい
自信をなくしている子どもが、勇気をもって自己主張する体験をすることで、自分の思いを相手に伝える意欲を高める。

■この相手・この場面
子どもが再登校に向けて動き始めた時期に、相談学級や適応指導教室で。

住本克彦

種類	自己主張
時間	30分
リーダー	相談担当
対象	子ども

1. 2人組で粘り強くお願いをする

〈お願い役〉
- すぐ返すからノート貸して
- 頼めるのキミしかいなくて
- ちょっとだけだから
- 他の人に頼めばいいじゃない
- 字が汚いからいやだなぁ
- うまく書けてないし

〈断り役〉

2. 感じたこと、気づいたことを話し合う

- 断るのは悪いことだと思ってた
- 断るとき迫力があった
- お願いを最後まで粘れたのがうれしかった
- ウン ウン

■手順
・教師がデモンストレーションを行う。
・お願いの仕方と断り方のセリフを考えてワークシートに書く。
・「私のお願いを聞いて」をペアで行う。合図があったら相手のお願いを聞き入れる。
・役割を交代して行う。
・感じたこと、気づいたことを語り合う。

■ねらいとなる気づきの例
・(子ども)拒否されても、否定されたり無視されたりしていないので、がんばりとおせた。
・(子ども)がんばりとおせた自分自身をほめたい。
・(子ども)都合が悪くて依頼を断るときは、今日のように断ってもいいのかなぁ、と思えた。

■展開例　私のお願いを聞いて

場面	リーダーの指示（●）とメンバーの反応・行動（☆）	留意点
インストラクション	1. ねらいを説明する ●この時間は「自己主張の体験」をします。私はこれまで、お願いしても一度断られたらすぐにあきらめたり、断る立場でも、なかなか「NO！」が言えなかったりする自分がいました。今日は、ふだんと違う自分を体験してみたいと思います。 2. デモンストレーションを行う ●2名1組になり、お願いする人と、お願いされる人に分かれてロールプレイをします。まず先生がやってみますね。 「ねえ、さっきの授業のノート見せてもらえない？」 「えー、字が汚いから見せるのいやだなあ」 「実はぼうっとして、まったくノートとれなかったんだ」 「だったらほかの人に頼めばいいじゃない」 「こんなふうに頼めるの、君しかいなくて」…… ●こんなふうに、お願いする人はお願いをし続け、お願いされる人は断り続けます。時間がきたら、私が合図をするので、お願いをされる人は、お願いを受け入れます。 「うーん、仕方ないな。そこまで言うなら」 「本当？　ありがとう」 「今日だけだよ」 ●見ていて感じたこと、気づいたことを話してください。 ☆ああ言えばこう言うという感じで、よく続くなと思った。 ☆断る役は苦手で、あまりやりたくないと思った。	ここでは相談室や保健室に別室登校する子どもと、学級担任または相談担当の先生が行う場面を想定。 ●教師の1人2役か、モデルの子どもを相手に、デモンストレーションを行う。 ●子どもは「こんなことを言って笑われたらどうしよう」などと不安に思っている場合が多い。「相手の発表を真剣に受け止める」（ワークのルール）などの指導を事前に徹底しておく。
エクササイズ	3. 「私のお願いを聞いて」を行う ●では、今日は「ノートを借りる」という設定にします。1お願いの仕方と、2断り方をワークシートに書きましょう。 ●初めの2分間は、お願いする人は粘り強くお願いし続け、お願いされるほうの人は、すげなく断り続けてください。2分経ったら合図をします。残りの1分間で、相手のお願いを聞き入れてください。 ●では始めましょう。（途中でお願いを聞き入れる合図） ●お願いする役と、お願いされる役を交代しましょう。 ●お願いしているときや、断っているときの気持ちを思い出して、ワークシートに書きましょう。	●ワークシートにあらかじめ記入することで、安心して、エクササイズに取り組めるようにする。 ●お願いする役・断る役において、躊躇している場面があればリーダーが介入する。
シェアリング	4. 感じたこと気づいたことを語り合う ●2つのペアで4人組になり、感じたこと、気づいたことを話し合いましょう。	●その後、個人やグループで気づきを交流する。

出典：「私のお願いを聞いて」『エンカウンターで学級が変わる・中学校2』『構成的グループエンカウンター事典』

■エクササイズ解説

不登校の子どもは，自分自身に「自信」をなくしているため，自分の思いを相手に伝えようとする意欲や，伝える力がかなり低い状態にある。そのような子どもに，自己主張の気概を出させることが本エクササイズのねらいである。お願いする・断るというそれぞれの立場で自己主張を体験する。「表現できた実感」「主張できた実感」は自信につながり，再登校をより確実なものへと結びつけていく。

■実施上の留意点

(1)自信をもたせるために

不登校の子どもは「自信」をなくしている場合が多いので，安心して話すことができる状況を準備する。そのためには，子どもたちが実感を伴ってねばり強くお願いをしやすい場面設定を行う（例：「〇〇の本を貸してほしい！」）。即興的に演じるのがむずかしそうな場合は，ワークシートに言い方を記入させておくとよい。

(2)雰囲気づくりは，リーダーの自己開示で

他者とのかかわりが不得手な子どもたちにとって，集団での活動に参加することは，とても大きな冒険である。集団の雰囲気があたたかいものであることが，安心してエクササイズに没頭できるための条件となる。発表者が言ったことは，必ず正面から受け止めるように，リーダーは，真剣にワークに参加することの大切さを，事前に指導しておきたい。

このような雰囲気を高めるためには，教師の自己開示が何より大切である。デモンストレーション等で，教師自身が自己を真剣に語る中で，話を聞く態度や話し方などのルールの徹底を図っていく。

(3)補助自我になる

お願いする役，断る役の双方において，子どもが発言を躊躇している場面があれば，リーダーが介入する。言えない子どもの代わりに「必ず，明日返すから，ぜひ貸してほしいんだ！」とか「今晩，読む予定にしているから，絶対に貸さないよ！」等のセリフを言って，続いて子どもにもそのとおりに言わせる。

また，「よく言えたね！」「よく考えた言葉だよね！」等の支持の言葉を多用していく。それによって，がんばっている自分，認められた自分を確認し，自己肯定感を高めていけるようにする。

(4)日常の意思表示につなげる

登校訓練では，予定外のことが必ず起こる。「もうちょっとやってみよう」などの働きかけに，「これ以上は無理」「約束が違う」などと子どもが感じた場合には，本人から「いや」と表現できることが大切となる。子どもに負担をかけないよう十分に配慮して登校訓練を行うと同時に，その中で起こるさまざまな事態を想定して，「こんなふうに言われたら，こう対応する」などの具体的な答え方を子どもと練習しておくことも必要である。

実践例（不登校支援施設での実施例）

自分に自信をなくしている不登校の子どもが取り組みやすいよう，場面設定は子どもたちに人気のあるマンガ，「ワンピースの1巻を貸して！」で行った。さらに，エクササイズに取り組む安心感を増すよう，ロールプレイでのお願いの仕方と断り方を考えて，あらかじめワークシートに記入させた。教師からは，「がんばって言えたね！」等の言葉をかけ，「やればできるんだ！」と，子どもたちの自信回復に結びつけていった。

私のお願いを聞いて

年　　組　　名前（　　　　　　　）

<インストラクション>

2名1組になり，お願いする人と，お願いされる人に分かれてロールプレイをします。

テーマ　「　　　　　　　」を貸してください

<エクササイズ>

どんなふうに言うか，たくさん考えておきましょう。

1　お願いする役の場合　　　例「必ず，明日返すから！」

2　お願いされる役の場合　　例「今日読む予定だから，貸さないよ！」

<シェアリング>

1　お願いする役をして，感じたこと気づいたことを書きましょう。
　　　例「けっこうねばれたと思う」「どきどきしたけど言えた」
　　　　「途中でめげそうになったけどがんばった」「すっきりした」

2　断る役をして，感じたこと気づいたことを書きましょう。
　　　例「あんなに断ったことがなかったけれど，やればできると思った！」「ドキドキしたけど言えた」
　　　　「途中めげそうになったけどがんばった」「すっきりした」

先生からのコメント：

第5章 再登校に挑戦するエクササイズ

私は私が好きです。なぜならば

山下みどり

■ねらい
自己嫌悪の逆，自己礼讃を地でいくことで，自己概念を再構成する。自画自賛丸出しで，自分のよいところを表現することによって，不登校であった自分を肯定的に捉え直す。

■この相手・この場面
相談学級や適応指導教室で。保護者会で。行事の後に学級で。

種類 自己受容
時間 20～30分
リーダー 相談担当
対象 子ども

1. 自分のよいところを考える
- 友達に気をつかう
- 犬のジョンとすごく仲よし
- 漢検三級をとった

2. 思いつかないときは欠点の逆を考える
- 欠点は…人見知りするところ
- でも、100％人見知りではない

3.「私は私が好きです。なぜならば」に続けて，1人ずつ発表する
―なぜなら、いつも友達のことを考えて行動するからです

4. 感じたこと，気づいたことを話し合う
- 自分をほめるのってなんか照れくさい
- いつも悪いところばかり考えてたわ

■手順
・教師のデモンストレーションを見る。
・2～3分間，自分のよいところを考える。
・1人1つずつ順番に「私は私が好きです。なぜならば……だからです」とはっきりと声に出して言っていく。
・感じたこと，気づいたことを語り合う。

■ねらいとなる気づきの例
・（子ども）自分をほめるなんてしたことなかった。
・（子ども）いつも悪いところや足りないところにばかり目がいっていた。もっと努力しないといけないとばかり考えていた。
・（担任・保護者）言ってみて，自分にもこんなにいいところがあるのだと気づきました。

■展開例　私は私が好きです。なぜならば

場面	リーダーの指示（●）とメンバーの反応・行動（☆）	留意点
インストラクション	**1. ねらいを説明する** ● ふだん，自分をほめるということは，なかなかないものです。ここでは，思いっきり「こんな自分のこんなところが好き！！」と言ってみましょう。 **2. デモンストレーションをする** ● これから，「私は私が好きです。なぜならば……」に続けて，自分のよいところをどんどん語っていきます。たとえば私なら，「私は私が好きです。なぜならば，みんなと仲よくなれるように，時間をみつけては，みんなと話をしようとこころがけているからです」と自画自賛します。 ● こんなふうに，自分の好きなところ，よいところを言っていきます。みんなも恥ずかしがらずに，思いっきり言ってくださいね。 ● 言うときは，「私は私が好きです。なぜならば……だからです」と，1人1つずつ順番に，言っていきます。10分間，何周もします。 ● どうしても好きなところがないという人がいたら，欠点の逆を言うのもいいです。「うまく話せない」と思っている人は，「私は私が好きです。なぜならば，人とうまく話せるからです」と言います。うまく話せないと言っても，100％うまく話せない人はいないからです。例えば，何かを注文したり電話をかけたりする時は話せていると考えます。こんなふうに最低でも1％はうまく話せていますね。	ここでは相談室や保健室に別室登校する子どもと，学級担任または相談担当の先生が行う場面を想定。 ● 教師（リーダー）は，恥ずかしがらずに見本を示す。 ● ゲシュタルト療法の考え方では，100％臆病な者もいないし，100％勇敢な者もいないと考える。ゲシュタルト療法風にいえば，「地（いままで気づかなかった自分）」を「図（意識化）」に持ち込む方法である。
エクササイズ	**3. 自分のいいところを考える** ● では，2分間，自分のよいところを考えてください。 **4. 自分のいいところを言う** ● だれから始めますか？ ● 不思議なことに，言葉に出してはっきりと言うことで，自分でも本当にそのように思えてくるものです。ゆっくりで大丈夫ですから，恥ずかしがらずに，はっきり大きな声で言いましょう。 ● それでは，○○さんから時計回りに，「私は私が好きです。なぜならば……だからです」と声に出して言ってください。	 ● 最初に言う人を決める。 ● 急ぎすぎずにゆっくりと言っていいことを伝える。 ● 話型を守る。定型があると抵抗が少なくなる。
シェアリング	**5. 感じたこと気づいたことを語り合う** ● 感じたこと，気づいたことを自由に出し合ってください。時間は5分です。	

出典：國分康孝『エンカウンター』誠信書房，「私は私が好きです。なぜならば」『構成的グループエンカウンター事典』

■エクササイズ解説

不登校の子どもは，不登校になった自分に対して自己否定的である。さらに，不登校になってしまった自分は，親（先生）の期待に応えられなかったうえに，迷惑をかけているということで自分を責めている。そのために，自分にはいいところが1つもないと考えている。

「私は私が好きです。なぜならば……」のエクササイズでは，変化している自分，がんばっている自分に目を向けさせることで，「すべてだめの自分」から，「いいところもある自分」に，自己イメージをチェンジする。

■実施上の留意点

(1) いいところが見つけられない場合

まずは自分ができていることを1つ1つていねいに思い出させていく。教師が，「こんなところはいいね」「こういうところあるよね」などと投げかけながら，一緒に考えていくとよい。また教師が自分の好きなところを例に出して，「そんなこともいいところと言っていいのか」「そんな小さなことならいくつかあるような気がする」と思わせる。

エクササイズに参加できない子どもの場合も，「ほかの人のよいところを聞いていると，あっそういえば自分もそんなところがあるな，それもよいところだなと思った」などの気づきが得られる。

(2) 自分を責めている保護者にも有効

不登校になったことで自分を責めている子どもと同様に，その保護者もまた，「子どもが不登校になったのは，自分の育て方が悪かったからだ」と自分を責めている。子どもへのかかわりと同じように，保護者にも自己概念の再構築を促すかかわりが必要である。保護者に本エクササイズを行うことも効果的である。

(3) 親子の関係修復に

保護者がよその子どもと不登校の我が子を比べ，どうしてうちの子だけこんなにだめなのかと考える場合も少なくない。子どもに対して，実際に「どうしておまえは学校に行けないんだ。みんなができることを，どうしてできない」と口に出すこともある。親に責められると，子どもは自分はだめな子だとますます思い込み，自分を責めてしまう。

親子でこのエクササイズを行うと，保護者が自分のよさに気づくとともに，子どものよさに気づくこともできる。

実践例（エクササイズでの子どもの様子）

「私なんてどこにもいいところがないよ。だから言えない」と話す高校生。

「そっかぁ，どこにもないんだ……」と，まずはないというその気持ちを受け止めた。

「学校に来たくないって言いながらも，ここまで来ているってことも○○さんのいいところではないかな？」

「え～，そんなこと？ そう言われるとそうかも。がんばって来てるし……。私と同じような友達に声もかけるし……，ほかにも家で手伝いもしてるんだ」

私は私が好きです。なぜならば

<インストラクション>
毎日毎日一生懸命生きている私。
いいところもたくさんある，もう少しのところもたくさんある。
完全無欠な人間なんてどこにもいない。
完璧な人間なんてどこにもいない。
いいところも，もう少しのところも，み〜んなひっくるめて私。
そんな私を，思いっきり好き！　と言ってみましょう！

<エクササイズ>

「私は私が好きです。
　　なぜならば・・・・・だからです」

では，もう一度

「私は私が好きです。
　　なぜならば・・・・・だからです」

繰り返しましょう。

<シェアリング>
感じたこと，気づいたことを語り合いましょう。

＊ときどき，家でも自分の好きなところを思い出してくださいね。

第5章 再登校に挑戦するエクササイズ

はぐれジャンケン

佐藤さゆ里

■ねらい
あたたかな人間関係を体験しながら，対人関係に対する新しいイメージ（すべての人から常に受け入れられることはなく，逆に必ず拒絶されることもない）の獲得と，自己を打ち出す勇気を促進する。

■この相手・この場面
対人イメージにより行動が阻害されている子に。

種類	信頼体験
時間	50分
リーダー	相談担当
対象	子ども

1. 3人組でジャンケンをして，1人だけ違うものを出した人がグループを去る

（ジャンケンポン！／うわーはぐれたー／あいこだーセーフ！／ドキドキ）

2. 新しく3人組になり，ジャンケンをくり返す

（サンキュー／ホッ／しまくん，こっち，こっち）

3. 感じたこと，気づいたことを話し合う

（一人になるのはすごく怖かった／別れもあるけど同じだけ出会いもあるんだね）

■手順
・対人関係に関する自分のイメージを振り返る。
・3人組になる。ジャンケンをして，1人だけ違うものを出した人が別なグループに出る。新しい3人組をつくり，再びジャンケンをする。これを3分間繰り返す。
・最初に組んだ3人組になり，感じたこと，気づいたことを語り合う。
・新たな気持ちに出合ったこと，向き合ったことをねぎらい，希望者とは個別面談を行う。

■ねらいとなる気づきの例
・（子ども）簡単なはずのジャンケンなのに，はぐれる1人が自分になったらって思ったら，すごく怖かった。でもはぐれたときに声をかけてもらえて，すごくあたたかくて！　つい泣きそうになっちゃった。
・（子ども）自分の声かけが相手にあんなに喜ばれるなんて！　だれかの役に立つ自分もいるんだなぁ。

■展開例　はぐれジャンケン

場面	リーダーの指示（●）とメンバーの反応・行動（☆）	留意点
インストラクション	1. ねらいを説明する ●今日までみんなを見てきて，うれしく思っていることがあります。それは，出会ったころよりもみんながもっといい顔を見せてくれること。毎日ありがとう。いまの自分に出会えているのは，いい仲間とここで出会えたからと，それぞれが新しい自分に出会う勇気をもってがんばってきたからじゃないかな，私はそう思うんだ。 ●みんなにとって「対人関係」はどんなイメージかな？　1分間，自分の気持ちに焦点を当ててみよう。 ●私たちは人とかかわりながら生きています。すると，つらい思いや傷づく体験にも出合うことになります。「人とつきあうことがなかったらこんなに苦しくならずに済んだのに」とか「またひとりぼっちになるのが怖い」「友達なんて信頼してもどうせ裏切るものでしょ。傷つけられるぐらいなら1人のままでいい」と思うようになっていくものです。みんなはどんなイメージをもっていたのかな。 ●いまみんながもっている対人関係のイメージは，けっして変わらない唯一の事実だろうか。力がついてきたみんなだからこそ，これから体験する「はぐれジャンケン」で，人からはぐれてしまうという，だれもが避けられない世の中の現実を味わいます。この体験を通して，また新しい自分に出会えたらいいなと思います。	ここでは適応指導教室等の担当者と子どもが行う場面を想定。 ●現在自分がもっているイメージに焦点を当てることで，新たな感覚に出合いやすくなる。 ●個々が感じている対人関係への思いに対する共感をしっかり伝える。
エクササイズ	2. はぐれジャンケンを体験する ●3人組をつくってジャンケンをします。2人が同じで1人だけ違うものを出した場合に，違うものを出した人はそのグループを去ります。残った2人は，他のグループからはぐれた1人を呼び込み，新たな3人組をつくります。そして，また同じルールでジャンケンをします。これを3分間体験しましょう。 ●はぐれた1人を呼び込むときは，「○○さん，こっちに入って」と笑顔で言いましょう。呼んでもらった人は「ありがとう」と言ってグループに入りましょう。私はみんなのチャレンジを見守っています。ではスタートです。	●はぐれることで不安そうな表情の子どもと目が合ったら，目を合わせて大きくうなずきたい。非言語面で，新たな体験を背中押しするチャンスだからである。
シェアリング	3. 感じたこと気づいたことを語り合う ●最初にグループを組んだ3人で，残ったときの気持ちやはぐれた気持ちについて語りましょう。 ●グループで話したことを，みんなに発表してください。 ●はぐれたときの怖さによく耐えたね。耐えている姿を見て，私はうれし涙が出ました。強くなったなぁ。そして，はぐれている人へ穏やかでやさしい声で呼んでくれた人たち，ありがとう。「そうそう，人と出会うってあたたかいんだよね」という感覚に出合えました。世の中にはさびしい人もいるけれど，すてきな人もいるんだね。	●怖かった気持ちをていねいに扱う。 ●世の中にはいろいろな人がいるという現実を伝え，共に考える。 ●その後，振り返りシートを使って紙上シェアリングを行う。個別面談の予約もとる。

■エクササイズ解説

　子どもたちは現実原則を踏まえた課題にチャレンジできる時期を迎えている。これは新たな変化をつかむ段階に立っていることを意味する。

　ただし，変化を手にする十分な力がついてきても，過去の体験から対人関係に極端なマイナスイメージをもつ場合がある。対人関係に抱く子どもたちのイメージと現実社会とを，体験を通してていねいに結び直す姿勢でかかわっていく。

■実施上の留意点

(1)現在地の確認とねぎらい

　すでにできるようになったことに関しては，本人も周りも「できて当たり前」という感覚になることが多い。自分を打ち出す段階に進むためにも，「当たり前のように感じられる今日が来るまで，それをキープする努力をしていたあなたがいた」ことを，ねぎらいとともに確認していくことが大切である。

　いまの自分はどんな状態であるのかに焦点を当てることで，新しい体験に出合うことの意味を感じる条件を整え，子ども自身が自分を打ち出す意味や意欲に気づきやすくする。

(2)対人関係のイメージは一生の財産

　強い人間不信に至っている子どもには，はぐれても名前を呼んで仲間に入れてもらう場面を通して，「信じる人もいるものだ」というあたたかな体験を提供したい。逆に「本来，人は優しい存在なはずだ。裏切られたのは私がだめな人だからなのでは」と苦しむ子どももいる。「……なはず」という非合理な信念から，極端に傷つきやすい傾向をもっている場合である。しかし，現実社会はどちらか一方の出会いばかりではない。さまざまな人がいるものだ。

さまざまな人がいる中で，うれしい出会いを体験できる可能性もあるかもしれないという感覚をもつことは，学校復帰のためだけの力ではなく，子どもたちが人生を歩んでいくうえでの一生の力となる。

(3)個人面談の場も設ける

　このエクササイズは，少し先の未来の自分を考えるきっかけになることが多い。よって個人面談の場を設け，エクササイズによって引き起こされる揺れや新たな気づきに教師が共に寄り添い，子どもが今後，自分を打ち出す勇気を手にできるよう，心の整理に立ち会うことも効果的である。ふだんの子どもたちと，そしてこれから先の子どもたちの姿を「つなぐ」意識を形にしたい。

実践例（エクササイズ後の子どもの感想）

「信じた分，裏切られたときの気持ちを知っているから，私は対人関係なんていらないって思っていた。だけどいやな人ばかりじゃないんだな，もしかしていろんな人がいるのかもって，気持ちがゆっくりした」

「自分の声かけが友達をあんなにニッコリさせられるんだ。私がだれかにやってあげられることもあるんだな。なんかうれしい」

はぐれジャンケン
―ふりかえりシート―

名前：＿＿＿＿＿＿＿＿＿＿＿＿

**おつかれさまでした！　さぁ，今日はどんな自分に出会えたでしょうか。
自分自身をふりかえってみましょう。**

1. これまで，あなたにとって対人関係ってどんなイメージだったのでしょう。
   自分の言葉で書いてみましょう。

2. エクササイズ中の自分をふりかえりましょう。
   あてはまる数字に○をつけましょう。

	とても	かなり	まあまあ	すこし	ぜんぜん
①はぐれる気持ちを味わいましたか？	5	4	3	2	1
②上手に声かけをして，はぐれた人を呼ぶことができましたか？	5	4	3	2	1
③心はどれぐらい動いた（ゆれた）気がしますか？	5	4	3	2	1
④ルールはよくわかりましたか？	5	4	3	2	1

3. いま，あなたはどんな気持ちの自分に出会っていますか？

面談希望　（　あり　・　だいじょうぶ　）

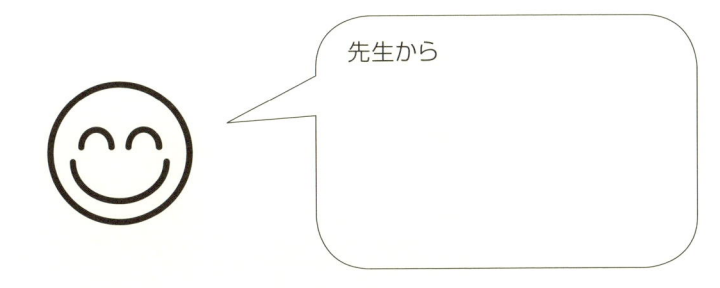

先生から

第6章

新たな自分を生きるためのエクササイズ

第6章 新たな自分を生きるためのエクササイズ

新たな自分を生きる段階とは

住本克彦

　本章では，不登校の回復期にある子どもたちを対象に，「新たな自分を生きる段階」の支援を述べる。つまり，子どもたちの関心が徐々に学校に向き出し，それが行動としても表れ出した頃に，再登校の定着と，本人の「生きる力」の育成を目標として行う支援である。不登校の子どもたちが，単に学校に行くようになればそれでよしとするのではなく，自らの人生の主人公として自分の力で歩み出せるように，将来の社会的自立を目標に支援を進めていくことが大切なのである。

真の「生きる力」を育成する

　このように，不登校支援の基本視座は，将来の社会的自立に向けて，いま，いかなる支援が好ましいか，すなわち本人の「生きる力」をいかに育てるかを考えることである。

　「生きる力」の育成は，学校教育の大きな目標である。生きる力とは，「いかに社会が変化しようと，自分で課題を見つけ，自ら学び，自ら考え，主体的に判断し，行動し，よりよく問題を解決する資質や能力であり，また，自らを律しつつ，他人とともに協調し，他人を思いやる心や感動する心など，豊かな人間性」であり，そして，また，「たくましく生きるための健康や体力」である（文部省，第15期中央教育審議会第一次答申）。

　「生きる力」について，筆者はとくに以下の立場に立っている。「『生きる力』については，いかに社会が変化しようと自ら課題を見つけ，自ら考えることによって社会に適応しつつ，自分の居場所や役割を見つけて貢献できること，すなわち，＜我々の世界＞を『生きる力』がとても大切である」（梶田叡一［第4期中央教育審議会初等中等教育分科会教育課程部会長］，初等教育資料No.833，2008）。

　ここで述べられているのは，構成的グループエンカウンター（SGE）のねらい，「自己発見」そのものだといってよいだろう。そして「自己発見」には，SGEの理念である「いま，ありたいように存在することへの肯定」が不可欠である。

　不登校の子どもたちは，不登校状況を経験して，さらに一回りも二回りも成長していく。不登校支援とは，まさに「生きる力」を育成することなのである。

梶田叡一『自己を生きるという意識』金子書房2008
國分康孝・國分久子編著『自分と向き合う！究極のエンカウンター』図書文化2004

新たな一歩を踏み出す土台づくり

　学級で，新たな自分を生きる段階へ踏み出していくためには，子どもたちの「自己肯定感」を高めていくことが大切となる。互いのよさを認め合う学級の中で，教師や級友との心の絆が感じられるように，次のようなエクササイズを重ねていく。

　「私の四面鏡」[※1]は，級友という鏡に映し出された自己像を確認することで，自分自身を肯定的に見ることができるエクササイズである。不登校を体験した子どもは，自分のよいところを見つめることができにくくなっている。他者からのフィードバックにより，自分自身のよさを改めて確認することで，自己肯定感を高めていく。

　「素敵なあなた！」[※2]は，家族による子どものいいとこ探しである。不登校の子どもは，自分のよさや努力している点を家庭でなかなか認めてもらえないことが多い。家族から「素敵なあなた！」のメッセージカードを贈ってもらうことで，「自分にもいいところがあるんだ！」と実感し，心的エネルギーを蓄えていくことができるようにする。

　これらと並行して，自己啓発の具体的な視点をもてるように，「自分探し」[※3]のエクササイズなども行う。また，再登校に結び付くまでには必ずキーパーソンとの出会いを経験した子どもが多いことから，「あなたがいたおかげで……」「忘れえぬ人を語ろう！」等[※4]のエクササイズを行い，他者とのかかわりの大切さ（自分には支えてくれる人がいること）を実感させる。このようにして，新たな自己との出会いの場を演出したい。

新たな自分を生きる段階のエクササイズ

　①「1年後の私への手紙」（P124参照）では，将来の希望や夢の実現に向けて意欲を高めていく。学級復帰後も，子どもたちは学習の遅れや人間関係などで大変な思いをしていることが多い。現実はうまくいかないことが多くても，自分の思い描く未来といまの自分がつながっていることを感じることで，いまを大切に過ごそうという気持ちが高まる。

　②「私の人生の振り返り」（P128参照）では，つらかったこともあったけど，それを乗り越えてきた現在の自分自身を再確認する。自分にとっての不登校体験の意味を見いだすことは，人とは違う体験をした自分を受け入れ，自分を大切に生きていこうとすることにつながる。

　③「私にとって不登校とは」（P132参照）では，不登校の子どもが，自分は大きな負担を背負った期間を過ごしたけれど，この体験が必ずこれからの人生においてプラスになるということを確認することをねらいとしている。

　子どもたちが，不登校状態から再登校を始め，新たな一歩を踏み出した段階では，このように新たな自己との出会いを演出するエクササイズを重ねることが大切である。これによって，再登校を定着させ，本人の「生きる力」の育成をさらに進めることになるのである。

※1，3　『エンカウンターで学級が変わる・中学校編1』1996
※2，4　住本克彦「親の会からみた不登校対策支援に関する一考察」『兵庫教育大学発達心理臨床研究』
　　　　第11巻2005

第6章 新たな自分を生きるためのエクササイズ

1年後の私への手紙

山下みどり

■ねらい
将来への願いや，こんなふうになっていたいという自分のイメージを明確にし，1年後の私へメッセージを託すことで，「いまの自分」と「1年後の自分」のつながりを意識する。

■この相手・この場面
子どもが再登校したり，自分の道に進んだときに。

種類 自己理解

時間 30〜50分

リーダー 学級担任／相談担当

対象 子ども

1. 1年後の自分をイメージする

- 受験に向けて英語の成績がアップ…
- 中学3年生
- 部活の友達とディズニーランドへ

1年後の私は…

2. 1年後の自分に手紙を書く

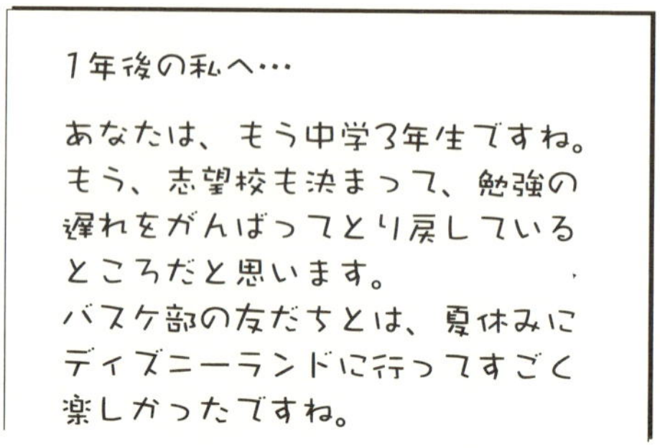

> 1年後の私へ…
> あなたは、もう中学3年生ですね。
> もう、志望校も決まって、勉強の遅れをがんばってとり戻しているところだと思います。
> バスケ部の友だちとは、夏休みにディズニーランドに行ってすごく楽しかったですね。

3. 書いた手紙を発表しあう

「一年後の私へ…」

4. 感じたこと，気づいたことを話す

- 手紙の内容が本当に実現するといいなと思う
- 今を大切にしなくちゃって思った

■手順
・教師のデモンストレーションを見る。
・「1年後の私」へ，いま伝えたいことを手紙に書く。「どうなっているか」ではなく，「こうなっているといいな」という感じで自由に書く。
・書き終わったら，グループの人と発表し合う。
・感じたこと，気づいたことを語り合う。

■ねらいとなる気づきの例
・（子ども）いまの自分があるから，1年後の自分があるのだと思った。
・（子ども）今日の1歩が，明日の2歩になり，それがずっと続いていくのだと感じた。
・（子ども）○○さんは，しっかりした考えをもっているのだなと思った。

■展開例　1年後の私への手紙

場面	リーダーの指示（●）とメンバーの反応・行動（☆）	留意点
インストラクション	1. ねらいを説明する ●いま，あなたは，不登校だったことを乗り越えて，ここにいますね。では，これから1年後は，どんな風になっていると思いますか。今日は，1年後の私へ手紙を書きましょう。 2. デモンストレーションをする ●初めに私が書いたものを読んでみますね。参考にしてください。 「1年後の私へ。あなたは，学校でスクールカウンセラーを続けていますね。相談室には，いろいろな悩みを抱えた生徒さんやお父さん・お母さん方が来られます。時には先生方も。限られた時間の中で，1人1人じっくりとお話を聴くことは大変だけれども，やりがいもとても感じています。毎日の小さな積み重ねが生徒さんを元気にしたり，相談に来た人と共に考える姿勢から，安心な気持ちがしたりします。だからきっと，1年後もいまと同じ仕事をしているのでしょうね。気分転換をする自分の時間もきちんととって，ゆったりとした気持ちで仕事してくださいね」 ●手紙に書いたことが，1年後，本当にそのとおりになるかどうかは関係ありません。いまの自分の性格や好きなことから考えて，1年後の自分がどんな風になっているといいな，なっていてほしいなと思いますか。また，1年後の私に向けて，アドバイスしてあげたいことはありますか。いま伝えたいことを自由に書いてみましょう。	ここでは相談室や保健室に別室登校する子どもと，学級担任または相談担当の先生が行う場面を想定。 ●落ち着いた雰囲気づくりをする。 ●できるとかできないとかは考えずに，自由に書くことを伝える。
エクササイズ	3. 「1年後の私への手紙」を書く ●では，しばらく1人で考える時間をとります。 ●準備のできた人から書き始めてください。早く書き終えた人は，その手紙を読み直して静かに待っていてください。 ●書いた手紙を封筒に入れたい場合は，先生のところへ封筒を取りに来てください。 4. 「1年後の私への手紙」を紹介し合う ●手紙を紹介してもよいと思う人は，みんなに聞かせてください。全部を読んでもいいですし，話せるところだけ話してもいいです。 ●聞く人は2つのことを守ってください。1つ目は，そんなの無理だとかできないとか言わないこと。2つ目は，その人の大切な思いを真剣に聴くことです。	●リーダーは見守る。 ●思いつかない子どもには，いまやりたいことや得意なことを聞きながら，その延長線上でイメージさせる。 ●話したい人から話すように促す。 ●時間に限りがあるので，数人いる場合は，初めに何分くらいと伝えておく。
シェアリング	5. 感じたこと気づいたことを語り合う ●感じたこと，気づいたことを自由に出してください。	●出ないときは，教師から口火を切る。

出典：「自分への手紙」「10年後の私」『構成的グループエンカウンター事典』

■エクササイズ解説

再登校を始めた子どもたちは、自分の「これから」について考え始める。しかし、学校に行っていなかった期間が長いために、現実にはさまざまな問題に直面することが少なくない。例えば、不登校が長ければ長いほど、学習の遅れを取り戻すことも容易ではなくなる。学校も子どもに応じていろいろな手だてを講じてはくれるが、現実の壁を乗り越えるために、子どもは身をもってつらさを体験することになる。そしてそのつらさは、自分はこれから先どうなっていくのだろうという不安につながることが多い。

このような不安を払拭し、主体的に日々を送るためには、将来に関するポジティブな自己イメージを描き、いまの自分がそこへつながっていることを確かに意識させることが大切である。長い目で見たときにどうなっていたいのかという見通しをもつことは、現在のストレスへの耐性を高める。少しのがまんが、先には明るい光が見えてくることにつながることを感じさせたい。

■実施上の留意点

(1)今日が明日につながることを意識させる

目の前のできないことにとらわれている子どもの目を、未来へ向けさせることが大切である。1年後の自分をうまくイメージできない場合には、自分の性格や好きなことを振り返らせて、その延長線上に浮かぶ自分のイメージを考えたり、いま取り組んでいることの中から1年後の自分につながりそうなことを探したりすると書きやすくなる。実現するかしないかにとらわれず、自由に考えると思いが広がる。その中から自分にしっくり来るものを選んでいくとよい。

「先のことなんてどうでもいい」という子どもには、具体的な例を教師があげたり、個人的なアドバイスをしたりしながら進めていく。目の前のことにばかりではなく、先を見通すことの大切さを感じられるようにする。

(2)高まっている緊張をほぐす

何の問題もなく楽しく過ごしているように見える子どもでも、再登校を始めたばかりの時期には、無理をして背伸びしている場合が多い。無理が続くと、心身の負担が大きくなり、張りつめている緊張の糸が切れて、突然再び不登校になることもある。教師（リーダー）が、エクササイズでの自己開示を通して、無理せずに主体的に日々を過ごそうとするモデルを見せることも重要である。

1年後の自分の姿を自由に想像するのは楽しい作業である。子どもがほっと一息つける時間にする。

実践例（エクササイズでの子どもの様子）

中学3年生の男子生徒は、「将来の夢なんてない」と言う。ずっと学校を休んでいたので、「どうせたくさん休んでるし、欠席が多いから高校にも合格しないし……」と、進路選択の時期になってもどうしていいのわからず、イライラした様子であった。

1年後の自分に手紙を書くために、自分の好きなことなどを1つ1つていねいにあげてもらった。「プラモデルを組み立てるのけっこう好きで、休んでるときもしていた」「パソコンを組み立てることもちょっと興味あるかな」「こんなことを勉強できる学校ってあるかな、××先生にも聞いてみよう」

「1年後の私へ」、がんばっている姿を書くことができた。

1年後のわたしへの手紙

<インストラクション>
1年後のわたしは何してるかな？
どんな趣味をもってるかな？
こんなふうになってたらいいな

<エクササイズ>
1年後の自分に手紙を書きましょう。

1年後のわたしへ

<シェアリング>
感じたこと，気づいたことを語り合いましょう。

第6章　新たな自分を生きるためのエクササイズ

私の人生の振り返り

■ねらい
過去の自分を振り返ることで，自己を再発見したり，新たな自分を生きようとする意欲をもたせる。

■この相手・この場面
学級復帰後，友人関係も回復し，自己主張力も向上してきたころに。

住本克彦

種類 自己受容
時間 50分
リーダー 学級担任
対象 子ども

1. 教師の説明を聞く
「これは、先生の人生の振り返りです」

2. 自分の人生の振り返りを書く
「最高は4年生　6年生が最悪」

3. 3～4人組になり発表する
「6年のときに『プール事件』があって…」

4. 感じたこと，気づいたことを話し合う
「自分だけがつらかったと思っていた」
「おれたちがんばってるよな」
「ウンウン」

■手順
・3～4人組をつくる。
・デモンストレーションとして，教師が自分の「人生の振り返り」を紹介する。
・ワークシートに各自の「人生の振り返り」を描き，節目となる出来事のタイトルを記入する。
・グループの中で，「私の人生の振り返り」を紹介し合う。
・感じたこと，気づいたことを語り合う。

■ねらいとなる気づきの例
・（子ども）自分の発表のとき，みんな真剣に聞いてくれたのでとてもうれしかった。
・（子ども）友達もつらかったり，しんどいときを乗り越えて，いま元気にがんばっているのがわかってよかった。
・（子ども）自分だけがつらかったのではないことがよくわかった。

■展開例　私の人生の振り返り

場面	リーダーの指示（●）とメンバーの反応・行動（☆）	留意点
インストラクション	1. **ねらいを説明する** ●自分の「人生の振り返り」をして、新しい発見をしたり、あるがままの人生を自分なりに受け入れたりする体験をします。 2. **デモンストレーションをする** ●これは、先生が描いた「私の人生の振り返り」です。①のところで、父が亡くなりました。とてもショックでした。父の亡骸を斎場まで運んだ際、ある方が私の所へ来て「（父の）棺を担がせてください」と申し出てくれました。私には、それが亡き父からのメッセージだと感じられました。そして、「自分の葬式で『先生の棺桶を担がせてください』と言ってくれる教え子がいるか」と考えてみました。しかし、1人として頭に浮かばず、父のメッセージの重さを痛感しました。忙しかった父はほとんど家におらず、私には父との思い出らしい思い出が少ししかありません。でも、その方の言葉を聞き、生前、父がどのように人とおつきあいをしていたのかを推し量ることができました。そして私自身、「ああ、おやじと出会えたなあ」と実感することができました。だから、この出来事に、私は「父との出会い」という題をつけました。 ●みんな最後まで静かに聞いてくれて、ありがとう。	ここでは学級復帰後しばらくしてから、教室で行う場面を想定。 ●教師自身が真剣に自己を語る姿は、子どもたちにとって大きなインパクトを与える。その迫力が、エクササイズに真剣に取り組む雰囲気を醸成する。 ●だれかが話しているときは傾聴するというルールの徹底を図る。
エクササイズ	3. **「私の人生の振り返り」を描く** ●では、グラフの横軸に、生まれてからいままでの年齢を書いてください。書き方は先生のグラフを参考にしましょう。 ●それぞれの年齢のときの自分を思い出しながら、うれしかったことやつらかったことを、1本の折れ線グラフで表してください。 ●節目となった大きな出来事があった時期に番号をつけ、それぞれの出来事にタイトルをつけましょう。うれしかったことやつらかったことを思い出して記入してください。 ●（グラフがずっと下降気味の生徒へ）つらかったことのほうが多かった人もいるね。人生は、うれしいことばかりあるとはかぎらないよね。つらかったことが多い場合でも、いまあなたがこうして、ここに存在していることこそが、つらかったことに耐え、乗り越えてきたことの証しです。自分のその力を再確認し、自信をもって、あるがままの自分を認めることが大切だと思うよ。 4. **「私の人生の振り返り」を紹介し合う** ●グループの中で、1人ずつ順に自分のグラフを紹介します。出来事のタイトルごとに、そのときの思い出を説明してください。	●ワークシートに記入する。 ●1人1人見て歩きながら、個々の折れ線グラフの形状やタイトルに留意する。 ●自分の人生を肯定的にとらえられるように個別の支援を大切にする。
シェアリング	5. **感じたこと気づいたことを語り合う** ●「人生の振り返り」をして、感じたことを話し合いましょう。 ☆みんなもつらかったり、しんどい時を乗り越えて、いま元気にがんばっているのがわかってよかった。	●このあと、グループ間で感想を交流する。

出典：河村茂雄『心のライフライン』誠信書房

■エクササイズ解説

再登校が始まり，学級にも慣れて登校も定着したころに適したエクササイズである。過去の自分を振り返ることで，自己を再発見したり，新たな自分を生きようとしたりする意欲をもたせる。また，クラスメイトとのリレーションづくりや，さらにその関係を深めるためにも有効である。

友人関係も回復し，クラスメイトともコミュニケーションが十分に図れる関係ができてくると，登校はより定着していく。エクササイズの体験を通して「つらい体験は自分だけではなかった」「先生や友達の真剣な私への眼差し（向き合い）を感じられた」などと実感できることが，子どもの内的エネルギーをさらに蓄積していく。

■実施上の留意点

(1) ネーミングの工夫で興味をもたせる

一般に「ライフライン」と呼ばれるエクササイズであるが，「私の成長の足跡」「自分史づくり」など，子ども向けにネーミングに工夫を凝らすとよい。新たな自分を生きるエクササイズとして，小学校中学年から高等学校までの実施が可能である。

(2) 教師は迫力をもって自己開示する

エクササイズの初めに，デモンストレーションとして，教師は自分の「人生の振り返り」を自己開示する。これが子どもたちの自己開示を誘発するとともに，どんなことを話せばよいかというモデルになる。

また，自分の過去の話を真剣に聞いてもらえてうれしかったという感想を教師が伝えることで，子どもたちに傾聴の雰囲気をつくり出すことができる。

(3) グループサイズに注意する

本エクササイズは，個人での振り返り，グラフを見せ合っての対話，さらにはグループ内で共感されたり傾聴されたりする体験が大きな意味をもつ。真剣に取り組む雰囲気を大切にするため，3～4名の小グループで実施することが好ましい。

(4) 1人1人の動きを観察する

教師はエクササイズ中，たえず子ども1人1人の動きを観察しながら，雰囲気にとけ込みにくい子どもがいれば，その子どもに合った声かけをするなど，個別のフォローを心がける。

(5) プラス思考を志向させる

エクササイズ中，つらかった「人生の振り返り」時期が長い子どもに出会うことも多い。また不登校経験者の中には，いまだマイナス思考が強く，グラフがずっと低空飛行の場合もある。

いろいろな経験を経ながらも，いまここまで回復した自分のすばらしさを認め，これからも自信をもって生きていこうとする思いをもたせるよう，個別に声をかけていく。

実践例（学級での実施例）

不登校の子どもの学級復帰後，友人関係も回復し，クラスの仲間ともコミュニケーションが十分に図れる関係の中で行った。子どもたちの声からは，「つらい体験は自分だけではなかったこと」「先生や友達の真剣な私への眼差し（向き合い）」を，このエクササイズから感じたことがうかがわれた。

これらの体験を通しての実感が，不登校を経験した子どもにさらに内的エネルギーを蓄積させ，安定した登校につながっていったと思われた。

私の人生の振り返り

私の人生の振り返り

（　　）年（　　）組（　　）番　名前［　　　　　　　　　　　　］

人生を1本のグラフに表しましょう。

うれしかったこと

(才)

つらかったこと

大きなできごとにタイトルをつけましょう。

① _____　② _____

③ _____　④ _____

⑤ _____　⑥ _____

第6章　新たな自分を生きるためのエクササイズ

私にとって不登校とは
―それでも人生にイエスと言う―

山下みどり

■ねらい
「私にとって不登校とは何だったのか」，不登校だった時期を振り返って，自分を対象化してとらえたり，過去の出来事を意味づけたりする。あのころの自分も含めて，私は私でいいと受け入れる。

■この相手・この場面
子どもが再登校または自分の道に進んだ時に。

種類
自己受容

時間
30〜50分

リーダー
学級担任
相談担当

対象
子ども

（吹き出し）あなたにとって不登校はどんな意味があったのだろう

（吹き出し）すごくつらかった 長い時間かけて考えるのを母はずっと待っててくれた

（吹き出し）あの体験があるから今の私がある。でも，みんなと一緒に学校へ行けてたら…それは，なくならない

■手順
・（再登校後しばらくしてから），これまでを振り返り，「私にとって不登校とは何だったのか」を一緒に振り返る。
・ゆっくりと話したいことから自由に話をする。
・人生の大事なひとこまを聴くことになるので，茶化さず真剣に誠意をもって聴く。
・感じたこと，気づいたことを語り合う。

■ねらいとなる気づきの例
・（子ども）あのときは人生真っ暗で，出口のないトンネルにいる感じ。あの暗さとつらさを体験したから，いまが明るいとわかる。幸せだと感じる。自分に必要な時間だった。
・（子ども）自分の中に別の何かがいた。でもそれは，やっぱり自分自身だと思う。

■展開例　私にとって不登校とは―それでも人生にイエスと言う―

場面	リーダーの指示（●）とメンバーの反応・行動（☆）	留意点
インストラクション	1. ねらいを説明する ●（教室復帰後しばらくして訪ねてきた子どもに）すごくいい顔になったね。最近はお母さんとどう？　学校では無理してない？…… ●（会話の中で自然に切り出す）学校に来られなかったあなたが，いまは，こうして，ここにいるね。あなたは，これまでの間，どうやって自分を支えてきたのだろう？　いまのあなたを支えているものは，何なのだろう。振り返ってみると，不登校は，あなたにとってどんな意味があったのだろうか。乗り越えたいまだからこそ思うことって，どんなことだろうか。あのころの私といまの私，何か違いがあるだろうか。よかったら，あなたの話を聞かせてくれるとうれしいです。	ここでは，以前に不登校だった子どもが，担任または相談室等の先生を訪ねてきた場面を想定。 ●訪ねて来てくれたことをうれしく思うことを伝え，和やかな雰囲気をつくりながら，水を向ける。
エクササイズ	2.「私にとっての不登校」を語る ●思いつくままでいいよ。あなたの言葉で話してほしい。 ●じゃあ，私からちょっと話そうかな。あのころあなたは，本当につらそうだったね。お母さんに心配かけたくない，でも，どうしても教室に行けないと言っていましたね。（中略）あなたが話に来てくれてとてもうれしい。話したいことから話してね。 ☆いまでもなぜだったか，よくわからないところはたくさんある。なぜ自分だけが学校に行けないんだろうと思っていた。このまま休んだら，もしかして1年遅れてしまうんじゃないか……。同級生が1つ上になってしまって，友達もいなくなるって，とっても苦しく，いやだった。朝，「今日はどうするの」って母に聞かれて答えるのがいやだった。今日も行けない自分だから……。責められたりもした……。（中略）長い時間をかけて考えた。母も待ってくれた。ぼくが自分で決断するのを。自分をじっくり見つめられた時期だった。母ともじっくり話ができた。自分で考えて最終的に自分で決めた。自分で決めたことには責任をとろうと思った。しばらく休んでいいってなったときは，あ〜もう学校に行かなくていいんだ，朝から悩まなくていいとほっとした。本当にいろいろ考えた。その後，相談室登校をした。あの閉ざされた時があるから，いまがとても楽しく新鮮な気持ちがする。あのときは頭の中がぐるぐるしていた。でもあの時期があったから自分を出せるようにもなったと思う。自分は自分だから，これでいいかって思えるようになった。いま，高校受験に向けてがんばっていこうと思ってるんだ。	●落ち着いた雰囲気づくりをする。 ●子どもの様子をみながら，教師の自己開示から始めてもよい。その場合は，教師の思いを簡潔に伝える。展開例は教師から語っているが，子どもが先に話すこともある。 ●心に浮かんだことを思いつくままに話していく。 ●茶化さず真剣に誠意をもって聴く。 ●ゆっくりと言える範囲で言う。「うまくまとまらない」というときは，話せる範囲でよい。 ●話すより書く方がよさそうな場合もあるので，ワークシートの準備もしておくとよい。
シェアリング	3. 感じたこと気づいたことを語り合う ●2人で話してみて，感じたこと，気づいたことを話そう。 ●人生の大事なひとこまを聴かせてくれて，ありがとう。いま相談室に来ている人たちにも，不登校だったあなたの気持ちを伝えてもいいかな。もしよければメッセージをもらえるとうれしい。	●ほかの人に伝える場合は，話してもいいか了解をとる。メッセージがもらえるならもらう。

■エクササイズ解説

　再登校を始めた子どもが，不登校だったときの自分の心の状態や，学校や親の対応などについて話してくることが多々ある。教師は，子どものそんな話にていねいに耳を傾けることが大切である。なぜなら，不登校を振り返り，自分にとっての不登校の意味を見いだすことは，不登校であった自分を受け入れることにつながるからである。

　川端は，担当する相談学級で，子どもたちに不登校体験をシナリオにして自ら演じさせている（P68参照）。そのなかのAさんのセリフを下記に紹介する。自分にとっての不登校の意味を見いだすことで，「私は私でいい」という気づきが生まれ，自己疎外から自分を人生の中心に置きたいという意欲が高まってくる過程が描かれている。ここまで来ると，子どもはこれまでの自分に区切りをつけ，力強く次の一歩を踏み出していく。不登校であった自分を振り返って話すことは，不登校の終結宣言の意味をもつ。

■実施上の留意点

(1) 実施のタイミング

　子どもがふらりと訪ねてきて，不登校だったときのことについて自ら語り出すことがある。そのような場面を捉えて行う。あるいは適応指導教室などで，教室復帰後の子どもが数人いるような場合に行う。

(2) 子どもの言葉で

　ゆっくりと言える範囲で話していいことを伝える。話すことが苦手な子どもには，書くことで表現させてもよい。

実践例（エクササイズ後の子どもの感想）

「思い出すと悲しくなるけど，あの頃の自分によくやった，でもつらかったねと言いたい。自分だけがこんなこと考えるんだと思っていた。何で気がつかなかったんだろう。自分だけじゃないと」

「この先どうなるかまだわからない。でも前に進もう。何かが見えてきそう」

Starting for oneself －自分のための出発点―

（作：川端久詩＋公郷中学校相談学級，原作：兵藤友彦）

　相談室での毎日の繰り返しがいやだった。／「私はここにいても変われない」そう思って相談学級にやってきた。／私はものすごく弱いのに，強がっていたんだと思う。／自分の本当の思いにウソついて，強く，強くって……，弱気なところも泣いているところも誰にも見せちゃいけない，見せたくないと思っていた。だから一人で泣いていた。「べつに何ともない」とウソをついていた。自分の弱さが見えてくるほど，強がってる自分が大キライだった。／私はものすごくわがままだ。／学校やクラスには私よりもっとつらい思いをしているのに，頑張っている子がいた。学校を休んで逃げている自分がゆるせなかった。でも，自分を守りたいという気持ちもあった。／相談学級で劇をやるというので，自分について考えた。／前よりは自分の本当の思いをひとに伝えられるようになってきた。／それはきっと相談学級に来てから「弱くてもいい」そう思い始めてからだと思う。／いままでは劇を通して，誰かに気持ちをぶつけたかった。／でもいまは，自分自身に問いかけ，もう一人の自分と話したいと思うようになった。

私にとって不登校とは
―それでも人生にイエスと言う―

＜インストラクション＞

あのときのわたしは……

　　　わたしにとって不登校って……

不登校ってなんだったの……

　　　どうしてわたしは……

不登校だったわたしへ……

＜エクササイズ＞
心に浮かんだことや口では言えないことを書きましょう。

―わたしにとって不登校とは―

＊不登校の子どもたちへのメッセージもどうぞ

＜シェアリング＞
感じたこと，気づいたことを話しましょう。

第7章

クラスでできる不登校予防のエクササイズ

不登校を予防する学級経営とは

住本克彦

　第2章から第6章では、不登校の子どもが外に出られない状態から、再登校して新たな一歩を踏み出すまでの支援のプロセスを述べてきた。本章では、不登校を予防するという観点から、子どもたちの不適応を起こしにくい「学級」のあり方について述べたい。

「心の居場所」や「絆」が不登校を予防する

　不登校を予防する学級経営のあり方とは、学級を、子どもたちにとって「心の居場所」や「絆（仲間）のあたたかさ」を実感できる場所にしていくことにほかならない。またこれは、不登校の回復期にある子どもにとって、「心の居場所」や「絆」を実感することができ、再登校が定着していくような学級・学校づくりのあり方そのものであるといってもよい。

　次ページの表は、不登校の子どもたちを再登校させる際に、学級の受け入れ態勢が整っているかどうかを確認するために筆者（住本）が使用しているチェックリストである。これを参考に、いま一度、自分の学級・学校のあり方を確認してほしい。チェックリストの項目ごとに子どもたちの意識をたずねるアンケートを作成して実施し、それをもとに教師が自分の学級経営を5段階評価して、次のアクションにつなげるようにしたい。

構成的グループエンカウンターの効果

　本書で繰り返し述べてきたように、ワンネス（相手の世界に入る）、ウィネス（私はあなたの味方である）、アイネス（私には私の考えがある）の3つの体験を通して、自己発見を促す。これが構成的グループエンカウンター（SGE）のプログラムである（片野2009）。

　われわれSGEのリーダーを体験した者は、このSGEのプログラムを体験した子どもたちが、友達の言葉に真摯に耳を傾けながらも、自己主張もしっかりできる場面を多く見てきている。子どもたちが、自分自身の人生を、その主役として生きていくために必要な他者との感情交流、役割の重要性、集団のルールの大切さ等を理解できるようになる場面に多く接してきている。学級でも同様に、子どもたちはウィネスの中で安心感を実感し、ワンネスでのメンバーとの交流を体験し、アイネスによって自己表現・主張をするようになる。学級担任は、学級が自己教育力をもった集団として機能し、その中で子どもたちが「安心感」「絆体験」「自己主張」の

住本克彦「継続的な実践とプログラム；校内研修・現職研修」『構成的グループエンカウンター事典』図書文化社2004．片野智治『教師のためのエンカウンター入門』図書文化2009

「不登校を予防し，再登校を受け入れる，学級・学校経営チェックリスト」（住本2005）

1	子ども（不登校予防の際は子ども全員，再登校受け入れの際は当人をさす）が「安心感」を実感できる学級づくり，学校づくり（保健室等の別室含む）ができているか。【心の居場所づくり】
2	子どもが登校しやすい教科や学校行事，友人関係等の把握ができているか。【心の居場所づくり】
3	子どもとの信頼関係づくりを，支援のポイントにしているか（約束を守る，できない約束はしないなど）。【リレーションの形成】
4	子どもが無理なく話せる友達が，学級や班（部活動を含む）に2〜3名在籍しているか。【友人関係の調整】
5	わかる授業，楽しく学べる授業を常に心がけているか。【わかる授業の展開】
6	教師や級友の話を傾聴する雰囲気が学級に醸成されているか。【学級経営】
7	カウンセリングマインドをもって，共感的に子どもに接しているか（子どものよさや努力に注目し，認め，やる気を引き出そうとしているか）【学級・学校経営】
8	子どもへの接し方は，（減点主義ではなく）「加点主義」か。【学級・学校経営】
9	個別支援の目標は，子どもの心身の状況に応じて修正することが可能か（学習目標の負荷が強すぎるようなら，要求水準を少し下げる等）。【学級・学校経営】
10	子どもは，学級担任や養護教諭など，関係職員と無理なく会話できるか。【学級・学校経営】
11	学級内や校内（部活動を含む）に，いじめはないか。【学級・学校経営】
12	学級内や校内（部活動を含む）に，子どもに任されている仕事（係活動等）があるか（できそうな活動を自己決定させる）。【学級・学校経営】
13	学級内や校内（部活動を含む）で子どもが任されている仕事（係活動等）は，子どもにとって負担が大きすぎないか。【学級・学校経営】
14	学級や学校（部活動を含む）に，協力し，支え合う雰囲気（職員間を含む）が醸成されているか。【学級・学校経営】
15	周りから子どもの能力に応じた期待がなされているか。【学級・学校経営】
16	学級や学校に，失敗やまちがいから学ぶ風土ができているか（そういう風土をつくろうとしているか）。【学級・学校経営】
17	学校組織における協力体制は十分にとれているか（学級担任，相談担当，養護教諭，スクールカウンセラーなど，各々の役割を明確にして，仕事を分担しつつ協働するチームとして機能できる校内システムづくり）。【学校経営】
18	学校と家庭の連絡は頻繁に取り合っているか（保護者のつらさを共有する等，保護者を支える家庭訪問の継続等）。【保護者との連携】
19	「子どもは周りの想像以上に精神的エネルギーを消耗している。また欠席することもある」といった共通認識を，学校と保護者がもっているか（「無理しないで，体調を整えてから行こうか」等の声かけで対応しているか）。【保護者との連携】
20	（子どもが専門家や適応指導教室などの関係機関にかかっていたのなら）専門家や関係機関と連絡を頻繁に取り合っているか（関係機関での支援内容，活動内容等の共有［病院を含む］）。【専門家や関係機関との連携】

住本克彦「不登校－学校復帰，教室復帰のときに気をつけたいこと－」『児童心理』第59巻 第4号 金子書房2005

プロセスを経て成長していけるように支援することが大切である。そのためには，学級の状態をふまえながらSGEを継続的に実施することである。

不適応を予防する学級経営のポイント

「心の居場所」や「絆」を実感できる学級づくりのポイントとして，まず初めに，教師自身の自己開示をあげたい。教師が自己開示（本音を語ること）することにより，子どもたちには教師に対する親近感が湧いてくる。親近感の高まりは，信頼関係の構築につながる。

例えば，「人間だれだって緊張することがあるよね。先生も教育実習の時，あがっちゃってさぁ，全校生徒の前で，一言もしゃべれなかったのさ。でも，いまは教師をしているんだよ」などの自己開示には，寡黙な子どもたち，友人関係が希薄な子どもたちも，「先生も僕と同じような経験をしたんだね」と応じ，教師との親近感が高まってくる。そして，自分も人とかかわろうとする気持ちが湧いてくる。教師はそのかかわりから，彼らの友人関係を広げるきっかけをつくることができるのである。

いま一つのポイントは，子どもたちの自尊感情を高めていくことである。問題行動をかかえる子どもたちは，その特徴として自尊感情の低さを指摘されることが多い。自尊感情の低い子どもは，「私なんて」「どうせだめだ」と自分を大切にすることができない。自分を大切にできない子どもは，他者も大切にすることができない。

自尊感情を高めるための取組みは，「いいとこ探し」に始まり「いいとこ探し」に終わると言っても過言ではない。互いのよさを認め合える学級経営のポイントとして，教師が子どもたちのよさを伝えるときのコツをあげたい。

①タイミングよくほめる。「いまのAさんの発表は，夏休み中の楽しかった思い出がそのまま伝わってくるような発表だったね」「Aさんの気づきは，まさに，いまここでの気づきであり，インパクトがあったね」など。

②結果よりも経過をほめる。「Bさんは，毎日家庭学習で，計算ドリル5ページに取り組んだからこそ，この点数に結びついたんだね」「Bさんは，今日の最初のエクササイズから，ずっと課題ととらえていた内容に真剣に向き合ってきたからこそ，そのすばらしい気づきにつながったんだね」など。

③具体的にほめる。「Cさんの習字は，名前まで力強く書けたね」「Cさんの発表は，小学生の頃のエピソードがジェスチャーを交えて語られていたので，とてもわかりやすかったね」など。

さらに，子どものよさや努力点は，連絡帳，学級通信，保護者会等で保護者へも伝えていくようにする。家庭でも，子どものよさや努力点が話題となり，親子のコミュニケーションが図れたり，子ども自身のやる気が高まったりするからである。

住本克彦「登校拒否・不登校」内藤勇次編著『小学校生徒指導の実際』学事出版2000，住本克彦・冨永良喜「親子宿泊体験活動が不登校の子どもに与える影響に関する一考察」『兵庫教育大学発達心理臨床研究』第7巻2000

学級の人間関係づくりを促進し，1人1人の自尊感情をはぐくむために，次表のようなプログラムが有効である。SGEを活用した学級づくりで，ぜひ不登校の予防につなげてほしいものである。

ふれあいのある友人関係をはぐくみ，自尊感情を育てる SGE プログラム（住本）

エクササイズ（90分プログラム）
Ⅰ　ペンネームを考えよう！（実施時間10分） 【ねらい】雰囲気づくりと参加者への意欲づけ。 【内　容】自分のペンネームを考え，名札に書き込む。
Ⅱ　みんなでイェイ！（実施時間5分：シェアリング5分） 【ねらい】友達のことを知る。 【内　容】自由歩行。出会った人とペンネームで呼び合い，ハイタッチし，「イェイ！」とかけ声をかけ合う。
Ⅲ　ペンネームの由来を教えて！（実施時間10分：シェアリング5分） 【ねらい】友達のことを知る。 【内　容】4人組。「ペンネームの由来」を紹介し合う。
Ⅳ　私は私が大好き！　わけは……だからです。（実施時間10分：シェアリング5分） 【ねらい】自分の肯定的な側面に目を向け，自尊感情を高める。 【内　容】4〜5人組。「私は私が大好き！　わけは……だから」と自分のよさを発表し合う。
Ⅴ　あなたって素敵だ！（実施時間20分：シェアリング5分） 【ねらい】他者からの肯定的なメッセージを受け取り，自尊感情を高める。 【内　容】4〜5人組。自分のよさや努力点が書かれたカードを読んで，感想を話し合う。
全体シェアリング（15分）

おわりに

　筆者（住本）が，兵庫県立但馬やまびこの郷（県立の不登校支援施設）に指導主事として勤務している時，ある不登校の生徒から，「教師にはホンモノの教師とニセモノの教師がいる」と言われたことがある。私はすぐに「ホンモノの教師はどんな教師なの」と問いかけた。その子は「自分のことを後回しにしないで，真正面から向き合ってくれる人」と答えた。

　言うまでもなく，学校の主役は子どもたちである。その子どもたちは「自分の思いや考えを出したい，聞いてほしい，わかってほしい」と強く願っている。教師は，そういった子どもたちの気持ちをしっかりと受け止め，カウンセリング・マインドをもって学級経営を進めていきたいものである。子どもたちが求めているものに，教師が一歩でも近づこうとする努力こそが学級づくりには何より大切なのである。

住本克彦「子どもたち一人一人が自己有用感を実感できる学級づくりをめざして」『兵庫教育』第60巻第10号2008．住本克彦「人間関係のもつれから不登校になった子ども達の事例を通しての一考察」『平成9年度兵庫県立但馬やまびこの郷研究紀要』1998

第7章　クラスでできる不登校予防のエクササイズ

ほめあげ大会

石原義行・住本克彦

■ねらい
自分がいままで気づかなかったよいところや，がんばっているところを，先生の声，友達の声，親の声，周りの子どもの声などで認めてもらうことにより，自分に自信をもつ。

■この相手・この場面
行事やグループ活動の後に，学級で。

種類
自己理解
他者理解

時間
50分

リーダー
学級担任

対象
学級

（吹き出し）「一緒に遊んで楽しかった，ずっと友達でいてね」と書いてくれてうれしかった

（吹き出し）うれしいって言ってもらって私もうれしい

（吹き出し）ケガしてるときに手伝うなんて当然なのに「優しい」って書いてもらってびっくりしたよ

■準備
・ワークシート，筆記用具，はさみ

■手順
・教師のデモンストレーションを見る。
・グループのメンバーのほめたいところを，カードに書く。
・カードを交換して読む。自分では意外だと思ったことに☆印をつける。
・ほめられて一番うれしかったことを発表する。
・いまの気持ちを振り返りカードに記入する。

■ねらいとなる気づきの例
・（子ども）みんな，たくさんいいところをもっているんだね。
・（子ども）私のことも，みんなは見ていてくれたんだ。
・（子ども）これからも，みんなのいいところをたくさん見つけたいな。
・（子ども）これからもいいところをうんと増やしたいな。

■展開例　ほめあげ大会

場面	リーダーの指示（●）とメンバーの反応・行動（☆）	留意点
インストラクション	1. ねらいを説明する ●「ほめあげ大会」というエクササイズをします。ねらいは①友達のよさを見つける，②自分の知らなかったよさに気づくです。 ●先生はね，同僚の先生から「先生は，いつも元気なあいさつをされていますよね。先生のあいさつで元気をもらっていますよ。生徒もきっと同じだと思いますよ」とほめられたことがあるんだよ。それから，「周りを元気にするあいさつ」に自信をもつようになったね。今日は，本人も気づかないような，その人のいいところを伝え合いたいと思います。	●事前活動として「ほめ言葉集め」（次頁参照）を行い，ほめる観点を整理しておくと，小学生は考えやすくなる。
エクササイズ	2. デモンストレーションをする ●まず先生が，言ってみるよ。じゃあ，今日の日直のAさんについて。Aさんは，とても友達思い。おとといBさんがお休みをしたとき，「無理しないでかぜを早く治してね」って励ましのメモを，自分から連絡帳にはさんでくれたよ。Bさんはすごく喜んでいた。だから先生は，Aさんは，友達思いで優しい人だと思います。 ●いいところを伝えるときのコツは2つです。①「優しいね」だけでなく，自分がそう思った理由（実際にあったこと）も書きましょう。②言ってもらった人が，うれしいと思う言葉で書きましょう。 3. グループの友達のいいところを書く ●グループの全員に対して，その人のよさやがんばっていることを，ワークシートに書きましょう。1人につき2つずつ書きましょう。書き終わったら，線に沿ってワークシートを切り離してください。先生の合図があるまで，本人へは渡さずに，待っていてください。 ●では，始めましょう。 ●カードを本人に渡しましょう。 4. もらったカードを読む ●どんなことを書いてもらいましたか？　味わってください。 ●もらったカードを読んでみて，自分にすごく合っているなと思うことには○印，意外だなと思うことには☆印を付けましょう。☆印は，あなたが自分でも気づかなかったよい面です。	●教師が例を示す。 ●5人程度のグループをつくる。ねらいにより，生活班やランダムなグループを活用する。 ●書くことに困っていたら，その人と一緒にいて，うれしかったことや楽しかったことを思い出して書かせる。 ●自分の新たな一面に気づくと自信がもてる。
シェアリング	5. 感じたこと気づいたことを語り合う ●ほめられて一番うれしかったことを，グループの中で順番に1人ずつ発表しましょう。 ☆算数の時間，わからないところを教えてくれてうれしかった。 ☆一緒に遊んですごく楽しかった。これからも友達でいてね。 ●感じたこと，気づいたことを全体に発表してください。 ●ワークシートの振り返りに，いまの気持ちを記入しましょう。	●いまの気持ちを言葉に表せない場合は，どうして一番うれしいものとして選んだのか書かせる。

出典：「ほめあげ大会」『構成的グループエンカウンター事典』『エンカウンターで学級が変わる・小学校1』

■エクササイズ解説

いいところを探すエクササイズは、学級の中でふだん何気なく見過ごしがちな相手のよさを認め、思いやりの心を育てるのに適している。友達のよさを広く認め合える学級では、子どもたちの自尊感情が高まり、いじめや不登校を予防することにつながる。

また、学級復帰後の子どもは、特に自尊感情が低い状況にあるため、友達から、自分のがんばっているところやよさをほめてもらうことが、自分について知り、自分を肯定的に受け止めるきっかけになる。これから自分に自信をもって生活していこうとする態度や意欲を育てたい。

■実施上の留意点

(1)事前指導「ほめ言葉集め」

本エクササイズを小学校で行う場合は、事前指導として「ほめ言葉集め」を行うとよい。グループで協力して、ほめ言葉にはどのようなものがあるかを考えさせ、プラスの性格や特徴を表す言葉を集めさせたい。これが友達のがんばっているところやよさなどをほめるときの観点となり、エクササイズに見通しをもたせることにつながる。

また、友達に伝えてはいけない言葉、書いてはいけないこともしっかり指導をしておく。人を傷つける言葉や出来事があったときは、その場で指導する。

(2)日常のかかわりを増やし観察する

本エクササイズのねらいは、子どもたちが互いの内面を見て、どうがんばっているかを伝え合っていくことである。ふだんから学級の活動の中に、子どもたちがかかわり合う場面を多く設定しておきたい。

またデモンストレーションでは、教師が具体的なエピソードを示しながら自己開示することが大切である。そのためには、教師が子どもたちをよく観察して、よいところを見つけておくことも大切である。

全員がバランスよくカードをもらえるようにするには、カードを書く相手や枚数は教師が指定する。

(3)再登校した子どもへの配慮

欠席が継続していたことにより、学級の子どもたちが、本人のよさや努力点を具体的に取り上げにくい場合も考えられる。したがって、本人に関する情報を、事前に、あるいはエクササイズ中に、教師がさりげなく話しておくことが必要な場合もある。

例えば、「動物が好きで、ペットのネコをとてもかわいがっている。プロ野球にとても詳しく、ほとんどのチームの選手名を知っている。昆虫博士で、昆虫のことなら何でも教えてくれるよ」。このような情報を、折にふれ子どもたちに知らせておく。

本エクササイズは、再登校後、子どもの登校が定着し始めた2～3週間後に実施すると、学校で本人のよさやがんばっているところなどが具体的に出されるようになり、より効果的である。

実践例（小学校4年生の振り返りカード）

「とてもうれしかった。自分にはこんなにいいとこがあると初めてわかった」

「みんなが私のいいところをたくさん見つけてくれてうれしかった。これからも友達のいいところをみつけていきたいと思います」

ほめあげ大会

年　　　組　名前 _____

自分の知らなかったよさに気づくと元気がわいてきます。
グループの全員の「よさ」や「がんばっていること」をカードに書いて，わたしましょう。

＜振り返り＞
いまの気持ちを書きましょう。

(1)今日の活動は楽しかったですか。　　とても　少し　あまり　ぜんぜん
　　　　　　　　　　　　　　　　　　　4 ─── 3 ─── 2 ─── 1
(2)新しい発見がありましたか。　　　　　4 ─── 3 ─── 2 ─── 1
(3)もらったカードを読んで思ったこと，感じたことを自由に書きましょう。

―― カード ――

さんへ	さんへ
いっしょに生活して楽しかったよ！	いっしょに生活して楽しかったよ！
より	より
さんへ	さんへ
いっしょに生活して楽しかったよ！	いっしょに生活して楽しかったよ！
より	より

第7章　クラスでできる不登校予防のエクササイズ

私の言いたいこと！

住本克彦・塚田良子

■ねらい
子どもたちは，周りを気づかったり，言っても受け入れられないのではという不安から非主張的になり，ストレスをため込んでいる場合が多い。ここでは場に応じて自己主張できることの大切さに気づかせたい。

■この相手・この場面
つい友達に気をつかって，非主張的になる場面が多いクラスで。

種類	自己主張
時間	50分
リーダー	学級担任
対象	学級

「私の言いたいこと」

ねらい　：自己主張
場面設定：クラスのみんなで，ソフトボールで遊ぼうとしています。
　　　　　あなたはみんなから「今日もキャッチャー役やってよ！」と言われました。
　　　　　あなたは，本当はピッチャー役もやりたいといつも思っています。

「君はキャッチャーだよ」

「たまには代わってよ」

「ほんとうはピッチャーもやりたかったんだ」

■準備
・2人1組をつくる。
・教師のデモンストレーションを見る。
・ワークシートに，自分なら何を言うかを記入する。
・自己主張役，押しつける役になってロールプレイをする。2分たったら相手の言い分を受け入れる（役割を交代して同様に行う）。
・感じたこと，気づいたことを語り合う。

■ねらいとなる気づきの例
・（子ども）初めは無理かなと思っていたけど，がんばり通せた。
・（子ども）言いたいことはしっかり言うことも大事だなぁ，と思った。
・（子ども）思いを認めてもらえるとホッとした。

■展開例　私の言いたいこと！

場面	リーダーの指示（●）とメンバーの反応・行動（☆）	留意点
インストラクション	**1. ねらいを説明する** ●今日は「自己主張」を体験します。言いたいことを言えなくて悔しい思いをしたことは，だれにでもあるんじゃないかな。私にはこんな出来事があったね。中1の学年行事が開催された時，学級対抗サッカー大会，決勝戦でのこと，守備をしていた自分がオウンゴールをしてしまったんだよ。それが決勝点となってクラスが負けてしまったんだよ。級友からは「惜しかった。まさか味方に敵がいるなんて！」などと，責められたんだ。でも，とにかく一生懸命がんばったつもりの自分としては「わざとやったわけじゃない！一生懸命やったんだ！　俺の気持ちもわかってよ！」と級友に言い返した。あのとき言えてなかったら，いまでもずっといやな思い出のままだったと思うんだ。 ●自分の気持ちを主張するのはけっこう勇気がいるよね。今日はそんな自己主張を体験してみよう。	●教師自身が自己を真剣に語り，話を聴く態度などのルールの徹底を図る。 ●不登校経験者は，みなが真剣に取り組む様子を見て，安心し，自分も正面からエクササイズに取り組もうとする意欲を持つ。
エクササイズ	**2. デモンストレーションをする** ●2名1組になってロールプレイをします。1人は「ピッチャーをやりたい」と言い続け，もう1人は「キャッチャーをやってよ」と相手に押しつけ続けます。合図をしたら，押しつけていた人は相手の主張を入れてください。あとで役割は交代します。 ●こんなふうにやります。「（主張役）今日はピッチャーをやらせてほしいんだけど」「（押しつけ役）君はキャッチャーしかできないだろ！」「（主）やってみなきゃわからないよ！」「（押）負けたらどうするんだよ」「（主）一度くらいやらせてくれてもいいじゃないか！」 **3. ワークシート（前半部分）に記入する** ●自分だったらどう言うか，少し準備をしておきましょう。ワークシートに書いてある例を参考に，(1)自己主張する役，(2)押しつける役の2つについてワークシートに書きましょう。 **4. 「私の言いたいこと！」をペアでする** ●初めの2分間は互いに粘り強く主張し続け，合図があったら，「ピッチャーになっていいよ」と相手の主張を受け入れてください。 ●では始めます（2分後に合図）。 ●役割を交代しましょう。	●子どもか教師かに相手をしてもらい，リーダーが迫力満点にやってみせる。 ●ワークシートに記入しておくことで，安心してエクササイズに取り組めるよう配慮する。 ●最後は必ず主張を受け入れる。
シェアリング	**5. 感じたこと気づいたことを語り合う** ●2つの役割をしているときに感じたこと，気づいたことをワークシートに書きましょう。 ●感じたこと，気づいたことをグループで話し合いましょう。 ●話し合ったことを，みんなに発表してください。 ●今日の体験を通して，これからの生活に生かしたいことをワークシートに書きましょう。	●本時の体験を振り返り，今後の各自の自己表現や自己主張の仕方をイメージさせる。

出典：「私のお願いを聞いて」『構成的グループエンカウンター事典』『エンカウンターで学級が変わる・中学校2』

■エクササイズ解説

SGEではリレーションを「ワンネス−ウィネス−アイネス」のように深めていく。学級集団づくりでも，SGEを継続的に実施することによって，ワンネスでメンバーとの交流を体験し，ウィネスの中で安心感を実感し，アイネスによって自己主張もできるようにしていく。

年度始めや席替え直後，学期始めなどに，「二人一組（ききあう）」※（二人一組による無条件の肯定的関心）をして，「このクラスでなら，安心だ」などと「安心感」を実感させる。次に，グループで「いいとこ探し」を通し，自己受容に迫る仲間体験をさせる。そして最後に，「私のお願いを聞いて」や「私の言いたいこと！」などを通して，自己表現できるところまでの場面を設定していく。こういったプロセスを経て，学級は，自己教育力をもった学級として機能するようになるのである。

ところで，折り合いをつける後半の1分間がこのエクササイズのポイントである。最後に受け入れられる体験によって，日常でも自分の気持ちや考えを言おうとする意欲が高まる。

■実施上の留意点

(1)気持ちを表現する勇気を支持する

子どもが言うのを躊躇している場面では，教師が補助自我的に介入を行う。自己主張役に対しては「いつもキャッチャーばかりだから，たまにはいいじゃないか！」「ほかの人はピッチャーやっているよね？」などと，押しつける役に対しては「キャッチャーで勝敗が決まるからだめだよ！」「バッターにあわせていろんな球種を投げられるのかい？」などと，具体的にセリフを教えて言わせる。子どもが言えたら，「よく言えたね！」「よく考えたね！」等，支持的に介入したい。

自己主張つまり攻撃欲の外向化をするための気概や勇気を相手に向けることが大切であることを，実践展開の中でメンバーに伝えていくことが大切である。

(2)ワークシートを補助的に活用する

不登校を体験した子どもは自信をなくし，自分の思いを相手に伝える力がかなり低い状態にあると言える。そこで，事前にワークシートに記入することによって，自分の意見に自信をもって発表できるようにする。ワークシートを見るときは，自然に相手から目線を外すこともでき，違和感なくゆとりをもってコミュニケーションが図れる状況が演出できるのである。

(3)場面設定は学級の実態に応じて

子どもたちの発達段階や実態を考慮しながら，場面設定はいろいろと工夫することができる。子どもたちと一緒に考えてもよい。

なお，終了後もいやな気持ちが残らないよう，ロールプレイの後半では必ず相手の主張を受け入れるようにする。

実践例（不登校支援施設での実施例）

筆者は不登校支援施設で本エクササイズと同じ主張反応をベースにした，「そんなのヤーダヨ！」のエクササイズを行い，同様の効果を得た。ペアで，相手の大切なものを互いに「貸して！」「貸さない！」と理由を言って本音で自己主張する気概を体験し，場に応じて自己主張することの大切さを学ばせることができた。

※「二人一組（ききあう）」……『構成的グループエンカウンター事典』P536

私の言いたいこと！

私の言いたいこと！

【場面設定】クラスのみんなで，ソフトボールで遊ぼうとしています。
あなたはみんなから「今日もキャッチャー役やってよ！」と言われました。
あなたは，本当はピッチャー役もやりたいといつも思っています。

1. 主張する内容を考えよう
(1)自己主張役：ピッチャーになりたいと言うセリフを考えよう

> （例）「言いにくいんだけど，本当はピッチャーやってみたかったんだ」
> 　　　「一度くらいピッチャーやらせてよ！」「ずっとキャッチャーばかりっておかしいよ！」など

(2)押しつける役：相手にキャッチャーを続けさせるためのセリフを考えよう

> （例）「君はキャッチャーしかできないよ！」「本当にピッチャーなんてできるの？」など

2. ロールプレイをしよう
2人1組で，「ピッチャーをやりたい」「キャッチャーを続けてよ」と2分間言い続けます。
時間がきたら合図をするので，押しつけていた人は，主張を受け入れます。

> セリフ）「君がいつもキャッチャーやってくれて助かってたんだ。
> 　　　　そんな君がピッチャーをやりたいというなら，いいよ。やってみなよ」

3. 感じたこと，気づいたことを書きましょう。
(1)自己主張する役をして

> （例）「必死にねばったと思う！」

(2)押しつける役をして

> （例）「自分でもけっこうできたと思った！」

教師のサポートグループ
――ひとりで悩まないで！　話してみよう，聴き合おう――

井上悦子

　不登校の子どもを担任する教師は，電話や家庭訪問で「学校に行く」と約束したにもかかわらず，登校しない子どもに焦りを感じ，「どうすれば登校するか」と悩んでいることが多い。不登校の子どもとの関係づくりに悩み，精神的にもつらくなっている教師を支え，解決のための糸口を探る方法が「教師のサポートグループ」である。

(1) 担任を精神的に支える

　サポートグループで，「自分の悩みが話せて気持ちがすっきりした」「聴いてもらってすっきりした」という体験がもてるようになると，周りからのサポーティブなアドバイスや助言に安心して耳を傾けられるようになる。また，同じような体験をもつ教師の話を聞くことで，ひとりではないと感じられ，励まされる。自己肯定感も高まる（片野2002）。

(2) 柔軟で幅広い視点をもてるようになる

　不登校への対応には「こうでなければならない」というものはなく，また「こうすれば，絶対にうまくいく」というものもない。学級集団，家族の問題，子ども自身のもつ問題などの幅広い視点から見ていく必要がある。しかし，担任はひとりで抱え込み，固定的な見方にとらわれてしまっていることが多い。参加者は，担任の思いにとらわれすぎないで，「自分が担任ならどうするかを」をイメージしながら自己開示的に語る。担任は新しい見方や方法に気づき，問題解決に向けて柔軟で幅広い視点をもてるようになる。

(3) サポートグループのルール

　参加者は，だれでも自由に感じたことを話してよい。ただし，「友達がいないからいけないのだと思います」と言うより，「Dさんとは気兼ねなく話せるようなので，自然な形で2人が会う機会をつくればどうでしょう」というように，自分が感じたことを大切にしながら，具体的な取組みを提案する。具体的でない意見が出たときには，リーダーが介入し，「そのようにするためには，どうすればよいでしょう」とか，「あなた自身は，そんな時どうしますか」などの質問をする。また，新しい考えが出にくいときや沈黙が続くときは，リーダーが自ら「いま，Bさんには，話し相手が必要な気がします。先生が話し相手になってあげられそうに思います」など，自分が感じていることを話すことで，きっかけをつくる。

■展開例　ひとりで悩まないで！　話してみよう，聴き合おう

場面	リーダーの指示（●）とメンバーの反応・行動（☆）	留意点
インストラクション	**1. ねらいを説明する** ●○年生のBさんが，△月からしばらく学校を休んでいます。今日は不登校を抱える担任のたいへんな気持ちを分かち合ったり，みなさんのこれまでの経験からアイデアを出し合ったりしたいと思います。時間は1時間です。 ●初めに話し合いのルールを確認します。①守秘義務を守る，②意見やアドバイスより自己開示を豊富にするです。 ●では初めに，全員が握手であいさつをしましょう。	●ここでは校内研修会を想定しているが，Aさんをサポートしようとする人であれば同校の教師でなくてもかまわない。
エクササイズ	**2. Aさんの悩みについて話し合う** ●まず，担任のAさんから，お話してもらいます。 ☆これまで家庭訪問，保護者との話し合いを繰り返してきましたが，Bさんが登校する様子が見られません。「自分の言葉かけがまずいのではないか」「もっともっとがんばるように説得したいが，強く言いすぎると，自分から心が離れてしまうのではないか」と行きづまりを感じ始めています。 ☆1　不登校の子は初めてですか？　つらいでしょうね。 ☆2　私も不登校の子を担任したとき，なんとかして登校させたいと焦ってばかりでした。でも，必死になるほど空回りで。「もう，来ないなら仕方ない。担任だから家庭訪問だけは続けるぞ」と気を楽にしたとき，初めて子どもが笑顔を見せてくれました。 ☆3　Bさんは以前によく保健室に来ていて，Cさんと話していました。2人が会えるような場面をつくるのも，いいかもしれません。 ●残り10分ですが，まだ話したい方は？　では，近くの人と5〜6人で，感じたこと，気づいたことを話し合ってください。	●全員で円になって座る。人数が多い場合は，二重円になるとよい。 ●参加者は自由に話し合うが，Aさんの批判にならないようにする。また，アドバイスは具体的に述べる。 ●自然に発言が出ない場合は，リーダーが自分の感じていることを述べて，発言を促す。
シェアリング	**3. 感じたこと気づいたことを語り合う** ●この話し合いに参加して，みなさんはどんなことを感じましたか。 ☆4　実はいま私もAさんと同じなんです。自分の力が足りないからではないかって，自分を責めて，とても人に打ち明けることができませんでした。Aさんは勇気があると思います。 ●みなさんのお話を聞いて，Aさんはどのように感じていますか。 ☆ありがとうございました。自分だけが悩んでいるのだと思っていました。早速実践してみたいと思うアドバイスもあり，自分自身のやる気もアップしたように思います。先生方の熱い思いにふれ，もっとBさんのことを知らなければいけないと思いました。「担任である自分が何とかしなくては」と思っていましたが，多くの方に見守っていただいているとわかりました。 ●この会のために，勇気を出してお話してくださったAさんに，感謝しましょう。Bさんに誠実に対応しているAさんから，私たちは学ぶところがたくさんありました。	●初めに参加者が，感じたこと，捉え方が変わったこと，メンバーの意見から学んだことなどを自己開示して話す。 ●次に，話題提供者が感じたことを話す。

参考：國分康孝監修『現代カウンセリング事典』金子書房，NPO日本教育カウンセラー協会編『教師のサポートグループ』（小冊子）

《スキルアップ情報》不登校対応と構成的グループエンカウンター
どうしたらSGEを生かした不登校対応ができるか

　本書が示す『SGE不登校対応』の実践にあたっては，「構成的グループエンカウンター」「不登校対応」「教育カウンセリング」の面から研鑽を積み，実践で「スーパービジョンを受ける」ことをお勧めする。

1. 構成的グループエンカウンターの研修―ニーズに応じた4種のコース―

　SGEの概要は書籍で概観できる。しかし教育実践，特に不登校対応に活用するには，SGEを自ら体験することが重要である。日本でSGEを開発・普及した國分康孝先生・國分久子先生が監修する研修会は，NPO日本教育カウンセラー協会主催または同支部主催のもので大まかに4種類ある。

●4種類のSGEワークショップ（日本教育カウンセラー協会主催）

(1)SGE体験コース （年間2回）	2泊3日の集中的グループ体験。文化的孤島を設定して，「ふれあいと自他発見」（encounter with others, encounter with self）を目標としている。究極的な目的は参加メンバーの行動変容。主催は日本教育カウンセラー協会。http://www.jeca.gr.jp/
(2)SGEリーダー養成コース （年間2回）	1泊2日でSGEリーダー養成を目的とする。インストラクション，エクササイズの展開，シェアリングの仕方，介入の仕方について体験学習する。エクササイズ係はエクササイズを展開し，参加メンバーからのフィードバックやスーパービジョンを受ける。
(3)教育分析コース （年間1回）	1泊2日で参加メンバーが自分自身の行動のパターン，意味，原因について気づき，自己洞察を進めることが主たるねらいになる。
(4)キャリアSGEコース （年間1回）	1泊2日で参加者のキャリア発達・成長をねらう。参加すると学校でのキャリア教育が発展的になる。自己理解，選択，適応，成長の4側面のエクササイズを体験学習。

●さまざまなSGEワークショップ（日本教育カウンセラー協会各支部主催ほか）

埼玉県・構成的グループエンカウンター体験ワークショップ	2泊3日で毎年8月に実施。スーパーバイザーは片野智治。自然で無理のないプログラムにそって参加者は感情交流し親密な人間関係をつくり自他発見をめざす。主催は埼玉県教育カウンセラー協会。http://members3.jcom.home.ne.jp/humore/
学級づくりのためのエンカウンター入門ワークショップ	毎年7月末から8月初旬に行われる1日コース。SGEの正統的な理論と技法を実際に体験しながら学習する。集団づくり定番のエクササイズを中心にプログラムを構成。指導者，國分康孝・國分久子。㈳日本図書文化協会主催。Tel 03-3947-7031

●SGEの実践・研究発表

SGEカレッジ （年間4回程度）	SGEの実践とアクションリサーチを学習する。内容は(1)予約された発表を聞く，(2)参加者がシェアリングする，(3)スーパービジョンを受ける。2010年は東京・郡山・札幌で実施。主催：日本教育カウンセラー協会，日本教育カウンセリング学会。

公式ホームページ「構成的グループエンカウンター」では，SGEの研修会情報，全国ネットワーク，エクササイズ検索，メルマガ発行を行っている。

http://www.toshobunka.jp/sge/

《スキルアップ情報》

2．不登校対応の研修—集中的・体験的に対応策を学ぶ—

本書が背景とする不登校対応の研修会を毎年1月に神奈川県教育カウンセラー協会が実施している。

●不登校対応ワークショップ

不登校対応チャートワークショップ	2泊3日の集中的グループ体験。講師は不登校という用語の名づけ親，花輪敏男氏（前山形県立山形聾学校校長）。発達障害にも対応しながら，子ども・保護者・教師が育ち，学校に復帰させる。子どもや保護者の気持ち，こんなとき何と言うか，どうしたらいいかがわかり，演習を通して身につく。2011年は1月7〜9日，川崎にて。主催：神奈川県教育カウンセラー協会 http://homepage3.nifty.com/jecakanagawa/

3．教育カウンセリングの研修—実践のための基礎力を身につける—

教育に役立つカウンセリングが教育カウンセリング。「育てるカウンセリング」として広く知られ，現在は「発達促進的（開発的）」「予防的」「問題解決的」な広義の生徒指導・教育相談の内容・方法として活用されている。本書の不登校対応をカウンセリング面また教育哲学面で支える。

その力を身につけるための組織がNPO日本教育カウンセラー協会（会長・國分康孝）。カリキュラムと研修会を提供し，初級・中級・上級教育カウンセラーの認定を行う。教育カウンセラー養成講座（3日間で6コマ）は全国で開催。本書を実践するための基礎的な力はここで身につけ，実践や研究の発表を日本教育カウンセリング学会で行うというサイクルが用意されている。

●教育カウンセリングの団体

NPO日本教育カウンセラー協会（JECA）	教育カウンセリングの考え方や方法を普及し，青少年の健やかな成長と国民の教育・福祉の向上に寄与することを目的に1999年6月に発足した。地方研究会（支部）数も39を超え，2010年9月現在約12,000人の会員が各方面で活躍している。東京都文京区大塚3-2-1　TEL&FAX 03-3941-8049　http://www.jeca.gr.jp/
日本教育カウンセリング学会（JSEC）	教育カウンセラー会員の力量を高めるために，日常の実践活動と基礎理論の連携をはかり，教育カウンセリングの学問的な理論武装を強固にする。年1回の研究発表大会の開催，学会誌の発行，シンポジウム・講演会の開催など。TEL&FAX 03-3941-0213　jsec.jimu@gmail.com　http://jsec.gr.jp/

4．スーパービジョンを受ける—教育カウンセラー支部によるサポートグループなど—

不登校対応については特に学校内外のスーパービジョン（指導）を受けるのが望ましい。スーパービジョンの場として設定されたもの，スーパービジョンの方法を研修するものなどがある。

●スーパービジョン

サポートグループ／シェアリング方式スーパービジョン〈例会〉	埼玉県教育カウンセラー協会月例会の1つ。参加者相互が相手の身になりながらサポーティブなかかわりや対応を学習する。ピアグループのシェアリングと，ピアグループの中での1対1のスーパービジョン。リーダーは片野智治・吉田隆江。2010年は，10/1，11/5，12/3，2011年前半は，1/14，2/4，3/4。18：45〜20：45。シーノ大宮にて。参加費500円。http://members3.jcom.home.ne.jp/humore/
グループスーパービジョン（東京）	東京教育カウンセラー協会主催。受講希望の方は下記連絡先に。第一会場（御茶ノ水）東京都文京区湯島1-9-10-401。Tel&Fax 03-3813-1722。担当：岸俊彦。第二会場（荻窪会場）東京都杉並区荻窪5-16-5エルシオン荻窪102　ストレス対処法研究所（東京教育カウンセラー協会研修室）Tel&Fax 03-6915-1955。担当：加勇田修士
シェアリング方式スーパービジョン（研修）	スーパービジョンの力を身につける研修。シェアリング方式でスーパービジョンを進める。ケース説明→シェアリング→スーパービジョン→ポストシェアリング。希望者はケース提供可能。主催：埼玉県教育カウンセラー協会・日本教育カウンセラー協会。2010年は12月11・12日開催。講師：片野智治・吉田隆江
教師サポートの会（長野）	長野県教育カウンセラー協会主催。県内（長野市，佐久，上田市，安曇野市，駒ヶ根，飯田市の周辺地区）で，各地区の教師・保育士・保健師・保護者を援助する活動の会。FAX 026-272-5445。担当：南澤

あとがき

不登校対応は学校教育に欠かせない。教育カウンセリングの観点から言えば，不登校は問題解決的カウンセリングの対象である。方法としては個別カウンセリングが用いられる。いっぽう，本書はグループアプローチの一方法である構成的グループエンカウンター（略称SGE）を中心にした取組みを提示している。いまやSGEは全国的な広がりを見せている。本方法はふれあいと自他発見を目的としている。不登校状態を示している児童生徒と保護者，教師がふれあって，人生の意味と深みを味わうような関係（リレーション）をとおして共に学び続ける姿が本書に著されている。また彼を待ち受ける学級がここにある。みんなの真摯な姿が本書に満載されている。最後に，本書で数多く出典とさせていただいた花輪敏男先生に感謝申し上げます。

編集代表　片野智治

不登校対応は本来「学校で教師がするもの」。子どもを再び学校に取り戻すために，本書は「教師ならではの専門性・可能性」を追求した。教師とそれを側面から支える教育カウンセラーに，そして家庭でどうしたらよいか悩む保護者のみなさんにこそ読んでほしい。念願の「不登校対応チャート」と「エンカウンター」の出合いを果たした。「不登校対応チャート」を通して多くのご示唆をいただいた花輪敏男先生に感謝を申し上げたい。私が掲載したエクササイズはすべて，公郷中学校相談学級で生まれた。教え子たちや保護者とともに行い，教師の校内研修にも用いた。職場の熱い仲間に支えられ，校内外に広がった。効果が高く何人も学級復帰した。それらの人々の強い思いや願いが私に本書を編ませてくれた。衷心から感謝を表し，さらなる決意とする。

編集　川端久詩

私は，不登校の子どもたち，その保護者の方々から，①受け止めてくれる人がいれば，心のエネルギーはたまること，②好きなことに没頭すると，心のエネルギーはたまること，③人生は計画どおりに進まないから，たえず軌道修正しながら進むこと等を教えていただいた。本書編集は，そのお礼の思いも込めさせていただいた。なお，出版にあたり，休日も返上にて支えていただいた，図書文化社の村主典英社長，同社出版部の東則孝氏，渡辺佐恵氏のみなさまに深謝申し上げますとともに，家庭で支えてもらった，妻みゆき，3姉妹の真優，優香，美優に心からお礼を言いたい。

編集　住本克彦

不登校の予防に構成的グループエンカウンターは有効である。では，実際に不登校になった児童生徒にはどうなのか。また学校に復帰しつつある不登校児童生徒にはどうなのか。SGEをどう使ったらいいのか。これらに応えたものが本書である。本書は，不登校児童生徒に直接かかわる保護者・担任，そして教育相談係などの専門教師が，子どもの幸せ・成長および教室復帰を願う援助者としてSGEをいつどこでどのように活用すればいいかという点に重きが置かれている。SGEを通して，子ども・保護者・教師のふれあいと自他発見を促進するためのノウハウが満載である。不登校児童生徒の教室復帰に向けて第一歩の手がかりにしてほしいと願う。

編集　山下みどり

■執筆者一覧

石原義行　姫路市立妻鹿小学校校長
　　　　　P142〜145（共著）

井上悦子　姫路市立白浜小学校教諭
　　　　　P150〜151

片野智治　跡見学園女子大学教授
　　　　　P30〜33

川端久詩　横須賀市立岩戸中学校総括教諭
　　　　　P8〜23, P38〜43, P60〜68, P70〜71, P76〜79, P96〜107

國分久子　青森明の星短期大学客員教授
　　　　　P34〜35（共著），P36

國分康孝　東京成徳大学副学長
　　　　　P34〜35（共著）

佐藤さゆ里　横手市不登校適応指導「南かがやき教室」専任指導員
　　　　　P116〜119

住本克彦　環太平洋大学教授
　　　　　P26〜29, P88〜91, P108〜111, P122〜123, P128〜131, P138〜141, P142〜149（共著）

塚田良子　三田市立学園小学校校長
　　　　　P146〜149（共著）

森　憲治　三重県教育委員会充指導主事
　　　　　P72〜75

山下みどり　鹿児島県スクールカウンセラー，県立高等学校自立支援相談員
　　　　　P24〜25, P48〜51, P54〜59, P80〜87, P94〜95, P112〜115, P124〜127, P132〜135

吉田隆江　武南高等学校教諭・スクールカウンセラー
　　　　　P44〜47

（2010年9月現在，五十音順）

■監修者紹介

國分康孝　こくぶ・やすたか
東京成徳大学副学長。日本教育カウンセラー協会会長。日本教育カウンセリング学会理事長。東京教育大学，同大学院を経てミシガン州立大学大学院カウンセリング心理学専攻博士課程修了。Ph.D.。ライフワークは折衷主義，論理療法，構成的グループエンカウンター，サイコエジュケーション，教育カウンセラーの育成。著書多数。

國分久子　こくぶ・ひさこ
青森明の星短期大学客員教授。日本教育カウンセラー協会理事。関西学院大学でソーシャルワークを専攻したのち，霜田静志に精神分析的教育分析を受ける。その後，アメリカで児童心理療法とカウンセリングを学び，ミシガン州立大学大学院から修士号を取得。論理療法のエリスと実存主義的心理学者のムスターカスに師事した。著書多数。

■編集代表紹介

片野智治　かたの・ちはる
跡見学園女子大学教授。日本教育カウンセラー協会副会長。武南高等学校に勤務しながら筑波大学大学院教育研究科修了。東京成徳大学大学院博士課程修了。博士（心理学）。趣味は写真撮影。著書に『教師のためのエンカウンター入門』『構成的グループエンカウンター研究』（図書文化），『構成的グループ・エンカウンター』駿河台出版。

■編集者紹介

川端久詩　かわばた・ひさし
横須賀市立岩戸中学校総括教諭。神奈川県教育カウンセラー協会理事。横須賀市立公郷中学校相談学級に勤務しつつ横浜国立大学大学院学校教育臨床専攻修了。平成18年度文部科学大臣優秀教員表彰(生徒指導)受賞。不登校対応と支援教育を基盤に，通常学級でユニバーサルデザインの授業を行う「楽しい学校づくり」がテーマ。

住本克彦　すみもと・かつひこ
環太平洋大学教授。専門は心の教育，学校カウンセリング。兵庫教育大学大学院学校教育研究科修士課程生徒指導コース修了。教育学修士。公立学校教諭，兵庫県立教育研修所心の教育総合センター主任指導主事，大阪女子短期大学教授などを歴任。著書に『カウンセリング心理学事典』誠信書房，『教師カウンセラー』金子書房（いずれも分担執筆）など。

山下みどり　やました・みどり
鹿児島県スクールカウンセラー，県立高等学校自立支援相談員。上級教育カウンセラー。SGE公認リーダー。鹿児島大学卒業後，小学校教員・高等学校教員を経て現職。SGEに出会い，勤務しながら鹿児島大学大学院教育学研究科，鹿児島純心女子大学大学院人間科学研究科修了。育てるカウンセリング，SGEの普及に努めている。

（2010年9月現在）

エンカウンターで不登校対応が変わる

2010年11月20日　初版第1刷発行　［検印省略］
2020年 5 月10日　初版第7刷発行

監修	©國分康孝・國分久子
編集	片野智治（代表）
	川端久詩，住本克彦，山下みどり
発行人	福富　泉
発行所	株式会社 図書文化社
	〒112-0012　東京都文京区大塚1-4-15
	Tel.03-3943-2511　Fax.03-3943-2519
	振替　00160-7-67697
	http://www.toshobunka.co.jp/
カバー・本文デザイン	本永惠子デザイン室
本文イラスト	松永えりか
DTP	株式会社 Sun Fuerza
印刷所	株式会社 加藤文明社印刷所
製本所	株式会社 村上製本所

乱丁・落丁本の場合はお取り替えいたします。
定価はカバーに表示してあります。
ISBN 978-4-8100-0577-6　C3337

ソーシャルスキル教育の関連図書

ソーシャルスキル教育で子どもが変わる［小学校］
－楽しく身につく学級生活の基礎・基本－

國分康孝監修　小林正幸・相川充編　　　　　　　　B5判 200頁　　本体2,700円

友達づきあいのコツとルールを楽しく体験して身につける。わが国初めて、①小学校で身につけるべきソーシャルスキルを具体化、②学習の手順を段階化、③一斉指導で行う具体的な実践例、をまとめる。
●主要目次：ソーシャルスキル教育とは何か／学校での取り入れ方／基本ソーシャルスキル12／教科・領域に生かす実践集／治療的な活用

実践！ ソーシャルスキル教育［小学校］［中学校］
－対人関係能力を育てる授業の最前線－

佐藤正二・相川充編　　　　　　　　　　　　　　B5判 208頁　　本体各2,400円

実践の事前，事後にソーシャルスキルにかかわる尺度を使用し，効果を検証。発達段階に応じた授業を，単元計画，指導案，ワークシートで詳しく解説。
●小学校主要目次：ソーシャルスキル教育の考え方／ソーシャルスキル教育のためのアセスメント／道徳の時間の実践／特別活動の時間の実践／自己表現力を伸ばす
●中学校主要目次：中学生のための基本ソーシャルスキル／ストレスの高い生徒への実践／進路指導での実践／LD・ADHDをもつ生徒への実践／適応指導教室での実践

育てるカウンセリング実践シリーズ②③
グループ体験によるタイプ別！学級育成プログラム［小学校編］［中学校編］
－ソーシャルスキルとエンカウンターの統合－

河村茂雄編著　　　　　　　　　　　　　　　　　B5判 168頁　　本体各2,300円

学校だからできる心の教育とは！ふれあいとルールを育て、教育力のある学級づくりをする。
★ソーシャルスキル尺度と学級満足度尺度Q-Uを使った確かなアセスメント。
●主要目次：心を育てる学級経営とは／基本エクササイズ／アレンジするための理論／学級育成プログラムの6事例

いま子どもたちに育てたい
学級ソーシャルスキル〔小学・低学年〕〔小学・中学年〕〔小学・高学年〕〔中学校〕
－人とかかわり，ともに生きるためのルールやマナー－

河村茂雄・品田笑子・藤村一夫・小野寺正己編著　　B5判 208～224頁
　　　　　　　　　　　　　　　　　　　　本体各2,400円（中学校編 2,600円）

まとまりのある学級で使われているスキルはこれ！「みんなで決めたルールは守る」「親しくない人とでも区別なく班活動をする」など、社会参加の基礎となる人間関係の知識と技術を、毎日の学級生活で楽しく身につける！
●主要目次：学級ソーシャルスキルとは／学校生活のスキル／集団活動のスキル／友達関係のスキル

図書文化

※定価には別途消費税がかかります

シリーズ 教室で行う特別支援教育

個に応じた支援が必要な子どもたちの成長をたすけ，学校生活を楽しくする方法。
しかも，周りの子どもたちの学校生活も豊かになる方法。
シリーズ「**教室で行う特別支援教育**」は，そんな特別支援教育を提案していきます。

ここがポイント学級担任の特別支援教育

通常学級での特別支援教育では，個別指導と一斉指導の両立が難しい。担任にできる学級経営の工夫と，学校体制の充実について述べる。

河村茂雄 編著　　B５判　本体2,200円

応用行動分析で特別支援教育が変わる

子どもの問題行動を減らすにはどうしたらよいか。一人一人の実態から具体的対応策をみつけるための方程式。学校現場に最適な支援の枠組み。

山本淳一・池田聡子 著　　B５判　本体2,400円

教室でできる 特別支援教育のアイデア 小学校編 / 小学校編 Part 2

通常学級の中でできるLD，ADHD，高機能自閉症などをもつ子どもへの支援。知りたい情報がすぐ手に取れ，イラストで支援の方法が一目で分かる。

月森久江 編集　　B５判　本体各2,400円

教室でできる 特別支援教育のアイデア 中学校編 / 中学校・高等学校編

中学校編では，授業でできる指導の工夫を教科別に収録。中学校・高等学校編では，より大人に近づいた生徒のために，就職や進学に役立つ支援を充実させました。

月森久江 編集　　B５判　本体2,600円

通級指導教室と特別支援教室の指導のアイデア 小学校編

子どものつまずきに応じた学習指導と自立活動のアイデア。アセスメントと指導がセットだから，子どものどこを見て，何をすればよいか分かりやすい。

月森久江 編著　　B５判　本体2,400円

遊び活用型読み書き支援プログラム

ひらがな，漢字，説明文や物語文の読解まで，読み書きの基礎を網羅。楽しく集団で学習できる45の指導案。100枚以上の教材と学習支援ソフトがダウンロード可能。

小池敏英・雲井未歓 編著　　B５判　本体2,800円

人気の「ビジョントレーニング」関連書

学習や運動に困難を抱える子の個別指導に

学ぶことが大好きになるビジョントレーニング

北出勝也 著
Part 1　　B５判　本体2,400円
Part 2　　B５判　本体2,400円

クラスみんなで行うためのノウハウと実践例

クラスで楽しくビジョントレーニング

北出勝也 編著　　B５判　本体2,200円

K-ABCによる認知処理様式を生かした指導方略

長所活用型指導で子どもが変わる

藤田和弘 ほか編著

正編	特別支援学級・特別支援学校用	B５判　本体2,500円
Part 2	小学校 個別指導用	B５判　本体2,200円
Part 3	小学校中学年以上・中学校用	B５判　本体2,400円
Part 4	幼稚園・保育園・こども園用	B５判　本体2,400円
Part 5	思春期・青年期用	B５判　本体2,800円

図書文化

※本体価格には別途消費税がかかります

構成的グループエンカウンターの本

必読の基本図書

構成的グループエンカウンター事典
國分康孝・國分久子総編集　Ａ５判　本体 6,000円＋税

教師のためのエンカウンター入門
片野智治著　Ａ５判　本体 1,000円＋税

エンカウンターとは何か　教師が学校で生かすために
國分康孝ほか共著　Ｂ６判　本体 1,600円＋税

エンカウンター スキルアップ　ホンネで語る「リーダーブック」
國分康孝ほか編　Ｂ６判　本体 1,800円＋税

目的に応じたエンカウンターの活用

エンカウンターで保護者会が変わる　小学校編・中学校編
國分康孝・國分久子監修　Ｂ５判　本体 各2,200円＋税

エンカウンターで不登校対応が変わる
國分康孝・國分久子監修　Ｂ５判　本体 2,400円＋税

エンカウンターでいじめ対応が変わる　教育相談と生徒指導のさらなる充実をめざして
國分康孝・國分久子監修　住本克彦編　Ｂ５判　本体 2,400円＋税

エンカウンターで学級づくりスタートダッシュ　小学校編・中学校編
諸富祥彦ほか編著　Ｂ５判　本体 各2,300円＋税

エンカウンター　こんなときこうする！　小学校編・中学校編
諸富祥彦ほか編著　Ｂ５判　本体 各2,000円＋税　ヒントいっぱいの実践記録集

どんな学級にも使えるエンカウンター20選・中学校
國分康孝・國分久子監修　明里康弘著　Ｂ５判　本体 2,000円＋税

どの先生もうまくいくエンカウンター20のコツ
國分康孝・國分久子監修　明里康弘著　Ａ５判　本体 1,600円＋税

10分でできる　なかよしスキルタイム35
國分康孝・國分久子監修　水上和夫著　Ｂ５判　本体 2,200円＋税

多彩なエクササイズ集

エンカウンターで学級が変わる　小学校編　中学校編　Part 1～3
國分康孝監修　全3冊　Ｂ５判　本体 各2,500円＋税　Part1のみ　本体 各2,233円＋税

エンカウンターで学級が変わる　高等学校編
國分康孝監修　Ｂ５判　本体 2,800円＋税

エンカウンターで学級が変わる　ショートエクササイズ集　Part 1～2
國分康孝監修　Ｂ５判　Part1:本体 2,500円＋税　Part2:本体 2,300円＋税

図書文化